Sophie Scholl ist eine Ikone der deutschen Geschichte. Gemeinsam mit ihrem Bruder Hans und anderen Mitstreitern der *Weißen Rose* rief sie in Flugblättern zum Widerstand gegen das Hitler-Regime auf; ihren mutigen Einsatz bezahlte sie mit dem Leben. Wer war diese junge Frau, die nicht zögerte, für Frieden und Freiheit alles zu riskieren? Wie wurde aus der einst begeisterten Anhängerin des BDM eine überzeugte Widerstandskämpferin? Simone Frieling nähert sich Sophie Scholl in ihrem einfühlsamen Porträt anhand von Briefen, Aufzeichnungen und anderen historischen Dokumenten, beleuchtet ihre Kindheit, Jugend und Studentenzeit sowie die Beziehungen, Werte und Vorbilder, die sie prägten. So entsteht ein vielschichtiges und zutiefst menschliches Bild von Sophie Scholl jenseits der Legende.

Simone Frieling, 1957 in Wuppertal geboren, lebt als Malerin und Autorin in Mainz. Sie veröffentlichte Erzählungen, Romane, Essays, literarische Sachbücher und Anthologien. 1998 erhielt sie den Martha-Saalfeld-Literaturpreis. Ihre Ölbilder, Aquarelle, Pastelle und Grafiken wurden in zahlreichen Ausstellungen gezeigt.

Simone Frieling

# SOPHIE SCHOLL
## AUFSTAND DES GEWISSENS

Mit Grafiken
von Simone Frieling

ebersbach & simon

# Inhalt

*Das Bewusstsein eines inneren Gerichtshofes im Menschen (»vor welchem sich seine Gedanken einander verklagen oder entschuldigen«) ist das Gewissen.*

*Jeder Mensch hat Gewissen, und findet sich durch einen inneren Richter beobachtet, bedroht und überhaupt im Respekt (mit Furcht verbundener Achtung) gehalten, und diese über die Gesetze in ihm wachende Gewalt ist nicht etwas, was er sich selbst (willkürlich) macht, sondern es ist seinem Wesen einverleibt. Es folgt ihm wie sein Schatten, wenn er zu entfliehen gedenkt. Er kann sich zwar durch Lüste und Zerstreuungen betäuben, oder in Schlaf bringen, aber nicht vermeiden, dann und wann zu sich selbst zu kommen, oder zu erwachen, wo er alsbald die furchtbare Stimme desselben vernimmt. Er kann es, in seiner äußersten Verworfenheit, allenfalls dahin bringen, sich daran gar nicht mehr zu kehren, aber sie zu hören kann er doch nicht vermeiden.*

Immanuel Kant

# I
## UNERSCHÜTTERBARE WAHRHEITSLIEBE UND GROSSE PROPAGANDA

### *Sophie Scholl und Joseph Goebbels*

Während die Studentin Sophie Scholl am frühen Nachmittag des 18. Februar 1943 im Wittelsbacher Palais, dem Gefängnis der Gestapo-Leitstelle München, verhört wird, verlässt Joseph Goebbels in einem kugelsicheren Mercedes das Ministerium und wird zum Berliner Sportpalast chauffiert. Der Reichsminister für Volksaufklärung und Propaganda trifft kurz vor 17 Uhr im Stadtteil Schöneberg ein. In der Veranstaltungshalle ist alles vorbereitet für seinen größten Auftritt. Die Rednertribüne, die er schneidig betritt, ist mit zwei überdimensionalen Hakenkreuzfahnen geschmückt, an der Balustrade über ihr hängt, für jeden sichtbar, ein Spruchband mit vier Wörtern: »TOTALER KRIEG – KÜRZESTER KRIEG«. Vor vierzehntausend ihm begeistert zujubelnden Zuhörern hält der Berliner Gauleiter eine Rede, in der er das deutsche Volk auf den ›Totalen Krieg‹ einschwört. Als er nach fast zwei Stunden zum Schluss kommt, stellt er den sorgfältig ausgewählten Besuchern zehn rhetorische Fragen, von denen die vierte lautet: »Wollt ihr den totalen Krieg?« Ein tosendes »Ja!« ist die Antwort, und der Redner setzt nach: »Wollt ihr ihn, wenn nötig, totaler und radikaler, als wir ihn uns heute überhaupt vorstellen können?« Applaudierend erheben sich die Menschen von ihren Sitzen, der ganze Saal tobt in einer Art Massenhysterie.

Während der Minister die Menge im Saal aufwiegelt und sie für weitere Kriegshandlungen begeistert, hat Sophie Scholl ihr erstes Verhör durch den Kriminalobersekretär Robert Mohr hinter sich gebracht. Ruhig und gefasst hat die Einundzwanzigjährige Angaben zur Person und zur Familie, zum Lebensunterhalt und zum Studium sowie zu ihrem Freundes- und Bekanntenkreis gemacht. Sie hat ihre Festnahme durch den Hausschlosser Jakob Schmied geschildert, der ihren Bruder und sie mit dem Ruf »Ich verhafte Sie« in die Amtsräume des Syndikus brachte, wo sie unter Bewachung auf die Gestapo warteten.

Mit dem Auslegen von Flugblättern der *Weißen Rose* in der Ludwig-Maximilians-Universität, die zum Widerstand gegen die Diktatur Hitlers aufrufen, habe sie allerdings »nicht das Geringste« zu tun. Sie habe bei dem Gang durch das Gebäude Flugblätter »auf dem Boden ausgestreut« liegen sehen und »eines der Blätter aufgehoben, flüchtig gelesen« und in die Manteltasche gesteckt. Als sie im zweiten Stock einen Stapel der Flugblätter »auf dem Geländer aufgeschichtet liegen sah«, habe sie ihm im Vorbeigehen »mit der Hand einen Stoß gegeben, sodass diese in den Lichthof hinunter flatterten.« Das sei eine »Dummheit« gewesen, die sie »bereue, aber nicht mehr ändern« könne.

Für Sophie Scholl ist die Situation im Wittelsbacher Palais neu. Als Sechzehnjährige ist sie zwar in Ulm mit ihren Geschwistern schon einmal wegen ›bündischer

Umtriebe‹ von der Gestapo verhaftet, aber umgehend wieder freigelassen worden. Man hatte sie, wegen ihres kurzen Haarschnitts, irrtümlich für einen Jungen gehalten. Einem Verhör hat Sophie sich jedoch noch nicht stellen müssen. Mit ihrem Bruder Hans hat sie sich nur ganz kurz absprechen können, solange sie auf die zwei Beamten warteten, die sie dann getrennt voneinander verhören. Die Beteiligung an der Herstellung und Verteilung der Flugblätter zu leugnen, wird zu ihren Absprachen gehört haben, ebenso, die Mitstreiter der *Weißen Rose* zu schützen und zu entlasten.

Und doch wird sich Sophie bei diesem Leugnen unwohl gefühlt haben, sonst hätte sie sich nicht schon bei der ersten Vernehmung dazu hinreißen lassen, von ihrer »Abneigung gegen die Bewegung« zu sprechen, weil durch sie »die geistige Freiheit des Menschen in einer Weise eingeschränkt wird, die meinem inneren Wesen widerspricht«. Sich der Gefährlichkeit ihrer Äußerung nur halb bewusst, fügt sie hinzu: »Zusammenfassend möchte ich die Erklärung abgeben, dass ich für meine Person mit dem Nationalsozialismus nichts zu tun haben will.«

Nicht der Mut kommt Sophie Scholl während der Befragung durch Robert Mohr abhanden, sondern die Fähigkeit zur Lüge und zur Verstellung. Seit vielen Jahren, so bezeugen es Briefe und Tagebuchnotizen, hat sie sich zur Wahrhaftigkeit erzogen, die mit einer ständigen Selbstbefragung einherging. Ebenso hat sie den inneren Dialog mit Gott gesucht und, obwohl manchmal an ihrem Glauben zweifelnd, doch an ihm festgehalten. Die Aufzeichnung vom 12. Februar 1942 macht die Art ihrer Selbsterziehung deutlich und zeigt, dass solch ein

Mensch kaum zur Lüge fähig ist, auch wenn sie lebensrettend sein sollte:

»O Herr, ich habe es sehr nötig, zu beten, zu bitten. Ja, das sollte man immer bedenken, wenn man es mit anderen Menschen zu tun hat, dass Gott ihretwegen Mensch geworden ist. Und man fühlt sich selbst zu gut, zu manchen von ihnen herabzusteigen! O ein Hochmut! Woher habe ich ihn nur?«

Während nach Goebbels' Auftritt über die Lautsprecheranlage des Sportpalastes ein zwanzigminütiger Applaus von einer Schallplatte abgespielt wird, der den Millionen Radiohörern zu Hause und »dem Ausland« eine großartige Stimmung und den absoluten Kriegswillen des ganzen deutschen Volkes suggerieren soll, bereitet sich Sophie, nach kurzer Unterbrechung, auf das zweite Verhör an diesem Donnerstag vor. Um 19 Uhr sitzt sie wieder dem erfahrenen Kriminalbeamten gegenüber, der sie mit dem ältesten Trick der Kriminalistik unter Druck setzt: ihr Bruder Hans Scholl habe bereits alles gestanden. Jetzt ist Sophie bereit, vielleicht fast befreit, und will nun »auch nicht länger an mich halten, all das, was ich von dieser Sache weiß, zum Protokoll zu geben«.

Sie beginnt die Aussage wahrheitsgemäß: »Es war unsere Überzeugung, dass der Krieg für Deutschland verloren ist, und dass jedes Menschenleben, das für diesen verlorenen Krieg geopfert wird, umsonst ist. Besonders die Opfer, die Stalingrad forderte, bewogen uns, etwas gegen dieses, unserer Ansicht nach, sinnlose Blutvergießen zu unternehmen.«

Die Zerschlagung der 6. Armee in Stalingrad am 2. Februar 1943 liegt bei diesem Verhör erst sechzehn Tage zurück. Die erste große Niederlage der Wehrmacht beschäftigt das ganze Land. Die hohen Verlustzahlen sind alarmierend: die Schlacht hat fünfhunderttausend Russen und hundertfünfzigtausend Deutsche das Leben gekostet und noch einmal so viele Deutsche in die Kriegsgefangenschaft gezwungen.

Goebbels verfolgt im Berliner Sportpalast auch persönliche Ziele: Er will seinen Machtbereich erweitern und zum zweiten Mann im NS-Staat aufsteigen. Seine Rede, die die Voraussetzungen für eine Weiterführung des Krieges bis zum bitteren Ende schaffen soll, hat zudem den Zweck, auf Hitler Druck auszuüben. Indem er die Besucher des Sportpalastes auf den ›Totalen Krieg‹ einzuschwören vorgibt, glaubt er, Hitler zwingen zu können, ihn an der Kriegswirtschaftsplanung des Deutschen Reichs zu beteiligen. Deshalb darf Goebbels nichts dem Zufall überlassen, seine Rede muss bis ins Letzte ausgefeilt sein, das Publikum darf nur aus treuesten Parteianhängern bestehen, Sprechchöre müssen einstudierte Parolen von sich geben, eine Hundertschaft muss instruiert sein, im Verlauf der Rede an bestimmten Stellen zu applaudieren, und wie auf ein unsichtbares Kommando hin müssen sich Fahnen und Standarten schwingende Männer erheben. In Goebbels' großer Inszenierung ist die Kommunikation zwischen ihm als Redner und dem Publikum als Chor aufeinander abgestimmt wie auf einer Theaterbühne. Bei diesem Spektakel gibt es keine spontanen, individuellen und freien Äußerungen.

Die fanatischen Nazis, die in den Rängen sitzen, müssen weder propagandistisch eingeschworen noch über die Ziele des Führers aufgeklärt werden. Es sind gerade die, die in der Diktatur ihre Individualität, ja ihre Identität verloren haben, um als Massenmenschen zu funktionieren. Sie kommen zu der Veranstaltung mit eben den Überzeugungen, die Goebbels jetzt von sich gibt. Sie sind schon längst ›Eingeschworene‹. Das schmälert die Vorstellung von einer großen propagandistischen Leistung des Ministers, der durch überragende rhetorische Fähigkeiten ein kriegsmüdes Volk zu einem kriegsbegeisterten gemacht hätte – Goebbels hat nur einen ganz kleinen Teil der Bevölkerung geschickt in eine Inszenierung eingebunden. Und dieser Teil ist auf das Spiel eingegangen, im Glauben daran, dass der totale Krieg der kürzeste werde.

Den Geschwistern Scholl und ihren Mitstreitern geht es nicht um persönliche Vorteile, sondern um die Zukunft Deutschlands. Beide sind sich bewusst, dass ihr Handeln die schrecklichsten Folgen für sie selbst und ihre Familie haben kann. Aber das Gewissen lässt ihnen keine andere Wahl. Die kleine studentische Gruppe in München muss den Versuch wagen, die Bevölkerung durch Aufklärung zur Umkehr zu bewegen. Die sechs Flugblätter, die sie insgesamt verfasst und vom Sommer 1942 bis zum Februar 1943 an bestimmten Orten verteilt und mit der Post verschickt hat, sollen die Menschen dazu bringen, gegen das verbrecherische Naziregime passiven Widerstand zu leisten. Zwar sind die Mitglieder der *Weißen Rose* über die Verluste an der Front nicht so genau informiert wie der Minister, aber das, was die Medizinstudenten Hans Scholl, Christoph Probst, Alexander Schmorell und Willi Graf bei ihren Einsätzen als Sanitätsdienst-Unteroffiziere an der Ostfront gesehen haben, hat sie in tiefer Weise getroffen und desillusioniert.

Auch Sophie Scholl, wache Beobachterin deutschen Alltags, nimmt die sich ständig ausweitende Deformierung der Gesellschaft im Überwachungsstaat sehr genau wahr. An ihren Freund Fritz Hartnagel schreibt sie am 7. November 1942: »Wann endlich wird die Zeit kommen, wo man nicht seine Kraft und all seine Aufmerksamkeit immer nur angespannt halten muss für Dinge, die es nicht wert sind, dass man den kleinen Finger ihretwegen krümmt. Jedes Wort wird, bevor es ausgesprochen wird, von allen Seiten betrachtet, ob kein Schimmer der Zweideutigkeit an ihm haftet. Das Vertrauen zu den anderen Menschen muss dem Misstrauen und der Vorsicht weichen. O es ist ermüdend und manchmal entmutigend.«

Aber Sophie Scholl lässt sich nicht so schnell niederdrücken. Sie schreibt: »Doch nein, ich will mir meinen Mut durch nichts nehmen lassen, diese Nichtigkeiten werden doch nicht Herr über mich werden können, wo ich ganz andere unantastbare Freuden besitze.«

Schon zu Anfang des Krieges, bald nach dem Überfall auf Polen, verrät sie Hartnagel: »Der Hoffnung, dass der Krieg bald beendet sein könnte, geben wir [Familie Scholl] uns nicht hin. Obwohl man hier der kindlichen Meinung ist, Deutschland würde England durch Blockade zum Ende zwingen.« Hellsichtig schließt sie an: »Wir werden ja alles noch sehen«.

Jetzt, nach der Niederlage von Stalingrad, nimmt die Widerstandsgruppe an, seien die Deutschen bereit, der Wahrheit über die Tyrannei des nationalsozialistischen Regimes Glauben zu schenken. Und in dieser Hoffnung verfasst die Gruppe die Flugblätter ›Fünf‹ und ›Sechs‹

und vervielfältigt sie in höheren Auflagen. Der »Kampf um Gedankenfreiheit, freie Meinungsäußerung, Freiheit in der Lebensgestaltung, Toleranz und Wahrung der Menschenrechte« bildet die Grundlage des Widerstands gegen das NS-Regime, so Eugen Grimmiger, der die Gruppe finanziell unterstützte.

Hauptanliegen des ersten Flugblatts ist, den Leser daran zu erinnern, dass der Staat dem Menschen dienen muss – und nicht umgekehrt. Des zweiten: den Leser aufzufordern, sich von den Nazis zu distanzieren und ihr verbrecherisches Handeln nicht mitzutragen. Des dritten: passiven Widerstand zu leisten, um das Regime zu Fall zu bringen. Des vierten: als Voraussetzung einer inneren Befreiung ein Bewusstsein für Schuld zu entwickeln. Des fünften: für eine Zusammenarbeit mit den anderen europäischen Ländern nach dem Krieg zu werben. Hier wird zum ersten Mal von Angehörigen der bevorzugten Generation der Nationalsozialisten der europäische Gedanke angesprochen. Sie fordern die Loslösung vom Nationalgefühl: »Nur in großzügiger Zusammenarbeit der europäischen Völker kann der Boden geschaffen werden, auf welchem ein neuer Aufbau möglich sein wird«. Im letzten Flugblatt werden besonders die deutschen Studenten angesprochen und in die Pflicht genommen, dass sie sich für die höchsten Werte der Nation, nämlich Freiheit und Ehre, einsetzen.

Im *Flugblatt II* und im vorletzten *Aufruf an alle Deutsche!* stellen sich die Verfasser eindeutig auf die Seite der verfolgten Juden. So heißt es im zweiten Flugblatt, man wolle die Tatsache anführen, »dass seit der Eroberung Polens *dreihunderttausend* Juden in diesem Land auf bestialische Weise ermordet worden sind. Hier sehen wir das fürchterlichste Verbrechen an der Würde des Menschen, ein Verbrechen, dem sich kein ähnliches in der ganzen Menschengeschichte an die Seite stellen kann.« Im vorletzten *Aufruf an alle Deutsche!* wird die Bevölkerung regelrecht gewarnt: »Deutsche! Wollt Ihr und Eure Kinder dasselbe Schicksal erleiden, das den Juden widerfahren ist?« Die Studenten gehen also davon aus, dass die Deutschen Kenntnis von den Verbrechen an den Juden haben.

Das Verfassen und Verbreiten von Flugblättern als einziges Mittel, eine Diktatur zu stürzen, ist einmalig. Den jungen Menschen steht nur das Wort als Waffe zur Verfügung, Gewaltanwendung und andere Aktionen lehnen sie ab. Ihre Worte aber müssen in den Ohren der Nationalsozialisten wie Donnerschläge geklungen haben. Denn sie nehmen sich heraus, Hitler einen »Lügner«, einen »Dilettanten« zu nennen, seine Minister als »Verbrecher« zu bezeichnen, die Regierungsform als eine »verabscheuungswürdige Tyrannis« zu kritisieren. Parteibonzen sind für die Verfasser nichts weiter als »Mordbuben«, die zur »blinden, stupiden Führergefolgschaft« aufrufen. »Darum trennt Euch von dem nationalsozialistischen Untermenschtum!« Auf den Fassaden der Münchner Universität und anderen Häusern sind die Inschriften zu lesen: »Nieder mit Hitler«, »Hitler der Massenmörder« und »Freiheit«.

Zu ihrer Art des Widerstands gibt Sophie Scholl im zweiten Verhör zu Protokoll: »Ich war mir ohne Weiteres im Klaren darüber, dass unser Vorgehen darauf abgestellt war, die heutige Staatsform zu beseitigen und dieses Ziel durch geeignete Propaganda in breiten Schichten der Bevölkerung zu erreichen«.

Auch sie spricht wie Goebbels von ›Propaganda‹, vielleicht gedankenlos, denn nicht in einem der sechs Flugblätter der *Weißen Rose* ist eine bewusste Verdrehung von Tatsachen vorgenommen worden, eine Übertreibung oder Unwahrhaftigkeit zu finden. Es gibt keine Formulierung, die mit unredlichen Mitteln Gefühle beim Leser hervorruft. »Mein Bruder und ich haben vollkommen aus ideellen Gründen gehandelt«, gibt Sophie weiter zu Protokoll.

Goebbels hingegen täuscht seinen Zuhörern Gefühle vor, die er nicht hat. Er erinnert sein Publikum an die Veranstaltung vom 30. Januar zum »Zehnjahrestag der Machtergreifung«, die mit dem Höhepunkt der Krise an der Ostfront zusammenfiel. Goebbels, der Umjubelte, von Leibwächtern Beschützte, tut so, als berühre ihn das Schicksal der »letzten heldenhaften Kämpfer von Stalingrad«, die »in dieser Stunde durch die Ätherwellen mit uns verbunden« waren und »an unserer erhebenden Sportpalastkundgebung teilgenommen haben. Sie funkten«, dass sie »vielleicht zum letzten Male in ihrem Leben mit uns zusammen mit erhobenen Händen die Nationalhymne gesungen hätten«. Der Minister für Volksaufklärung schreckt nicht davor zurück, die zum Sterben verurteilten Soldaten für seine persönlichen Zwecke zu benutzen – eine sehr moderne, kalte Art des Umgangs, der ohne die neuen Kommunikationsmittel nicht zu denken ist. Goebbels ist ein Meister darin, Medien wie Film und Rundfunk für sich zu nutzen; der studierte Germanist liebt es, vor großem Publikum Reden zu halten,

Aufsätze und Artikel zu schreiben, die in hohen Auflagen gedruckt werden. Er will möglichst alle Deutschen mit seiner Propaganda erreichen.

Im weiteren Verlauf seiner Rede lobt er die Haltung des »deutschen Soldatentums«, spricht von einer »großen Zeit«, aus der die Verpflichtung erwachse, weiter zu kämpfen. Er mahnt: »Stalingrad war und ist der große Alarmruf des Schicksals an die deutsche Nation«. Er versichert: »Ein Volk, das die Stärke besitzt, ein solches Unglück zu ertragen und auch zu überwinden, ja, daraus noch zusätzliche Kraft zu schöpfen, ist unbesiegbar.«

Ganz besonders gefällt sich Goebbels in der Rolle des Redners, dem »viele Millionen Menschen« heute Abend »an der Front und in der Heimat« zuhören. »Ich möchte zu Ihnen allen aus tiefstem Herzen zum tiefsten Herzen sprechen. Ich glaube, das ganze deutsche Volk ist mit heißer Leidenschaft bei der Sache, die ich Ihnen heute Abend vorzutragen habe. Ich will deshalb meine Ausführungen auch mit dem ganzen heiligen Ernst und dem offenen Freimut, den die Stunde von uns erfordert, ausstatten. Das im Nationalsozialismus erzogene, geschulte und disziplinierte deutsche Volk kann die volle Wahrheit vertragen.«

»Das große Heldenopfer« in Stalingrad »war nicht umsonst«, prahlt Goebbels: »Warum, das wird die Zukunft beweisen!« Zum Ende seiner Rede tut er so, als könne er für die ganze Nation sprechen: »Die Nation ist zu allem bereit. Der Führer hat befohlen, wir werden ihm folgen. Wenn wir je treu und unverbrüchlich an den Sieg geglaubt haben, dann in dieser Stunde der nationalen Besinnung und der inneren Aufrichtung. Wir sehen ihn greifbar nahe vor uns liegen; wir müssen nur zufassen. Wir müssen nur die Entschlusskraft aufbringen, alles andere seinem Dienst unterzuordnen. Das ist das Gebot der Stunde. Und darum lautet die Parole: Nun Volk steh' auf und Sturm brich los!«

Beglückt notiert Goebbels am 5. März 1943: »Meine Maßnahmen bezüglich des totalen Krieges werden vom Führer vollauf gebilligt. Er lässt sich in diesem Zusammenhang auf das Schmeichelhafteste für mich über meine Sportpalast-Rede aus, die er als ein psychologisches und propagandistisches Meisterwerk bezeichnet. Er habe sie von Anfang bis zu Ende aufmerksam durchstudiert, auch das Auslandsecho gelesen, und sei zu dem Ergebnis gekommen, dass wir hiermit einen Hauptschlager gelandet hätten. Er ist von der Wirkung geradezu begeistert.«

Dass sein Meisterwerk einer perfekten Inszenierung ein Blendwerk ist, stürzt einen Mann wie Goebbels keineswegs in Gewissensnöte. Zu seiner Zweideutigkeit gehört, dass er für die, die ihm glauben und zujubeln, nur Verachtung übrig hat. Er selbst und Hitlers Kabinett sind schon am 4. Februar 1943 vom Sicherheitsdienst der SS darüber informiert worden, dass die Allgemeinheit der Überzeugung sei, »dass Stalingrad einen Wendepunkt des Krieges bedeute und die labileren Volksgenossen sind geneigt, im Fall von Stalingrad den Anfang vom Ende zu sehen«. Sogar unter überzeugten Nazis kommen Zweifel an einem ›Endsieg‹ auf.

Für Goebbels, der zwei Jahre später seine sechs Kinder umbringen lässt und sich anschließend mit seiner Frau zusammen das Leben nimmt, hat jetzt seine politische Karriere einen höheren Wert als das unendliche

Leid von Millionen deutschen Soldaten und Zivilisten. Seine Sportpalast-Rede verschafft ihm zwar nicht die gewünschte Machtstellung, auch seine Forderung nach einer vollständigen Ausrichtung der Wirtschaft, der gesamten Gesellschaft und der Politik auf den Krieg kann nur teilweise umgesetzt werden. Zwar erreicht die Zahl der Menschen, die in der Rüstungsindustrie beschäftigt sind, durch Goebbels' Drängen im Oktober 1944 mit über 6,2 Millionen einen Höchststand, aber der Krieg ist dennoch nicht mehr zu gewinnen. Die bedingungslose Kapitulation der deutschen Wehrmacht erfolgt am 8. Mai 1945 um 23 Uhr.

# Sie waren bereit, mit allem zu bezahlen, was sie hatten

## *Der Prozess*

In den letzten fünf Tagen ihres Lebens wird Sophie Scholl mit niemandem so viel Zeit verbringen, niemandem mehr Einblick in ihre Persönlichkeit gewähren oder verweigern als Robert Mohr. Er ist der Leiter der Sonderkommission in München, die dafür zuständig ist, die Herkunft der Flugblätter zu ermitteln. Insgesamt sind etwa achtzig bis hundert Personen mit dieser Aufgabe betraut. Auch wenn die Auflage der Flugblätter nur insgesamt fünfzehntausend Stück beträgt und damit im Vergleich zu den Propagandamitteln, die dem Nazi-Regime zu Verfügung stehen, verschwindend klein ist, erregt die Aktion in der »Hauptstadt der Bewegung« doch »Beunruhigung bis in höchste Parteikreise«.

Robert Mohr, dem überzeugten Nationalsozialisten, ist der Ernst der Lage sofort bewusst, als er in die Ludwig-Maximilians-Universität gerufen wird. Er trifft gegen 11 Uhr im Rektoratsbüro ein und sieht »auf einem kleinen Tisch Flugblätter der bekannten Art angehäuft. Im gleichen Zimmer befanden sich ein junges Fräulein und ein junger Herr, die mir als die vermutlichen Verbreiter der Flugblätter bezeichnet wurden. Beide, vor allem das Fräulein, machten einen absolut ruhigen Eindruck und legitimierten sich schließlich durch Vorzeigen ihrer Studenten-Ausweise als Geschwisterpaar Sophie und Hans Scholl«.

Wie selbstverständlich gehörte das Foltern der Gefangenen zu den Methoden der Gestapo-Beamten, um vor allem die Namen weiterer Mittäter und Mitwisser aus ihnen herauszupressen. Die Mitglieder der militärischen Widerstandsgruppe des *20. Juli* sind, nach ihrer baldigen Entdeckung, auf bestialische Weise gefoltert worden. Sophie Scholl hat Glück, Robert Mohr ist kein Folterer. Er scheint sogar von der ersten Begegnung an einen gewissen Respekt vor der Delinquentin zu haben. Das hält ihn aber nicht davon ab, seine Arbeit gründlich zu tun. Die drei Verhöre, die er von Donnerstag Nachmittag bis Samstag mit Sophie führt – allein das zweite dauert dreizehn Stunden –, schaffen die Voraussetzungen für das Todesurteil, das der Volksgerichtshofspräsident Roland Freisler am Montag, den 22. Februar 1943 um 13.30 Uhr fällen und das um 17 Uhr desselben Tages vollstreckt wird. Noch vor dem Prozess gibt das Gericht folgende Anweisung: »Der Gauleiter bittet, die Aburteilung in den nächsten Tagen hier und die Vollstreckung alsbald darauf vorzunehmen.«

Nicht erst, als Mohr erfährt, dass Roland Freisler sich von Berlin nach München aufmacht, um das spektakuläre Verfahren gegen die Mitglieder der *Weißen Rose* selbst zu führen, wird er keine Illusionen über den Ausgang mehr gehabt haben. Freislers Leitspruch: »Wer gegen uns ist, wird vernichtet«, ist allen Gestapo-Beamten geläufig und sie teilen ihn.

Deshalb empfindet man die Worte von Robert Mohr als unredlich, die er acht Jahre nach seinen Verhören, am 19. Februar 1951, in einer sogenannten ›Niederschrift‹ über seine letzte Begegnung mit Sophie Scholl festhält, die zwei Stunden vor ihrer Hinrichtung, am 22. Februar gegen 15 Uhr, im Gefängnis Stadelheim stattfand. »Sophie Scholl traf ich in der Wärterinnen-Zelle, wohin man sie nach dem Besuch ihrer Eltern gebracht hatte, erstmals seit ich mit ihr in Berührung kam, weinend. Sie entschuldigte sich ihrer Tränen, indem sie mir mitteilte: ›Ich habe mich gerade von meinen Eltern verabschiedet und Sie werden begreifen‹.«

Mohr, der seinen Bericht »auf Ersuchen des Herrn Robert Scholl, Oberbürgermeister a. D. in Ulm« verfasst hat, kommt nun auf seine Gefühle zu sprechen: »Wie mir um diese Stunde selbst zumute war, kann man aus dem Zusammenhang ermessen. Nach einigen Worten des Trostes habe ich mich von Sophie Scholl verabschiedet. Ich kann nur wiederholen, dass dieses Mädel, wie auch ihr Bruder, eine Haltung bewahrt hat, die sich nur durch Charakterstärke, ausgeprägte Geschwisterliebe und eine seltene Tiefgläubigkeit erklären lässt.«

Am wichtigsten ist es Mohr aber, sich in der ›Niederschrift‹ selbst zu entlasten. Er behauptet: »Was Sophie Scholl anlangt, glaubte ich einen Weg gefunden zu haben, ihr wenigstens das Leben zu retten. Eigens zu diesem Zweck ließ ich sie mir, glaube ich, am 19.2.1943 zur Vernehmung vorführen. Ich versuchte mit letzter Beredsamkeit Fräulein Scholl zu einer Erklärung zu veranlassen, die letzten Endes darauf hinaus hätte laufen müssen, dass sie ideologisch mit ihrem Bruder nicht konform war,

sich vielmehr auf ihren Bruder verlassen habe, dass das, was sie getan habe, richtig sei, ohne sich selbst über die Tragweite der Handlungsweise Gedanken zu machen. Sophie Scholl erkannte sofort, wo ich hinauswollte, lehnte es doch entschieden ab, sich zu einer solchen oder ähnlichen Erklärung bereitzufinden.« Denn für sie steht fest: »Wenn mein Bruder zum Tode verurteilt wird, so will und darf ich keine mildere Strafe bekommen. Ich bin genauso schuldig wie er.«

Mohr hat nach allen Verhören Vernehmungsprotokolle verfasst, die von den Delinquenten unterzeichnet worden sind nach einer Überprüfung des Inhaltes oder dem ausdrücklichen Verzicht darauf. Die Vernehmungsprotokolle von Hans und Sophie Scholl und ihren Mitstreitern sind erst 1989 in der ehemaligen DDR zum Vorschein gekommen und der Forschung 1990 zugänglich gemacht worden. In ihnen ist nachzulesen, dass Mohr tatsächlich zwei Mal versucht hat, in dem eben von ihm beschriebenen Sinn auf Sophie Scholl einzuwirken, sie es jedoch jedes Mal abgelehnt hat, sich zu entlasten. Im Gegenteil, sie gab die Eindeutigkeit ihrer Haltung nicht auf, auch wenn diese für sie den Tod bedeutete.

»Wenn die Frage an mich gerichtet wird, ob ich auch jetzt noch der Meinung sei, richtig gehandelt zu haben, so muss ich hierauf mit ›ja‹ antworten.« Sie beendet das dritte und letzte Verhör mit den Worten: »Ich bin nach wie vor der Meinung, das Beste getan zu haben, was ich gerade jetzt für mein Volk tun konnte. Ich bereue deshalb meine Handlungsweise nicht und will die Folgen, die mir aus meiner Handlungsweise erwachsen, auf mich nehmen.«

Robert Mohr will in seiner ›Niederschrift‹ glaubhaft machen, dass er »sehr enttäuscht« war, Sophie Scholls Leben nicht retten zu können. Robert Scholl, der Vater, und die älteste Schwester Inge, Sophies Lieblingsschwester, mögen Mohrs Ausführungen geglaubt und wie eine Tröstung empfunden haben. Inge Scholl steht Mohrs ›Niederschrift‹ schon zur Verfügung, als sie an ihrem Erinnerungsbuch *Die Weiße Rose* arbeitet, das 1952 herauskommt und die erste Publikation ist, die sich ausschließlich mit der Widerstandsgruppe beschäftigt. In einer ›erweiterten Neuausgabe‹ von 1982 nimmt sie Passagen aus Mohrs Text unkommentiert in das vorletzte Kapitel »Augenzeugenberichte« auf. So steht die Entlastungsschrift eines Täters zwischen den Berichten enger Freunde und untadeliger Begleiter.

Besser ist man beraten, die Worte von Sophie Scholl wiederzugeben, die sie nach dem dritten Verhör im persönlichen Gespräch mit Mohr geäußert hat. Allein *er* sei es, der sich in seiner Einschätzung täusche, »ich würde alles genau noch einmal so machen, denn nicht ich, sondern Sie haben die falsche Weltanschauung«.

Nun setzte sich nach dem Krieg die *andere* Weltanschauung durch, die von Sophie Scholl und ihren Mitstreitern; und Mohr tat alles, sich ihr anzupassen. Dazu gehört auch die Fiktion, in edler Gesinnung Sophie Scholls Leben gerettet haben zu wollen. Vielleicht aber spielte sich in Robert Mohrs Seele im Februar 1943 etwas viel Düsteres ab: Vielleicht wollte er die Wehrkraftzersetzerin und Hochverräterin mit untadeligem Charakter beschmutzt sehen. Wenn sie auf seinen Vorschlag eingegangen wäre und durch Verrat des Bruders versucht hätte, ihr Leben zu retten, wäre sie dem geheimen Wunsch eines Nazis, der unentwegt dem schmutzigen Geschäft des Regimes diente, entgegengekommen. Von dem damaligen Unrechtsstaat hätte Mohr Lob geerntet, das Geschwisterpaar gegeneinander ausgespielt, ja gespalten zu haben, und Sophie Scholl wäre von Freisler so oder so »vernichtet« worden.

Zwei Tage, nachdem die Geschwister Scholl und ihr Freund Christoph Probst durch das Fallbeil hingerichtet worden sind, werden Sophie und Hans »abends im abgeschlossenem Friedhof am Perlacher Forst unter der Aufsicht der Gestapo zu Grabe getragen. Schneeweiß leuchteten die Berggipfel des Zugspitzenmassives herüber, glutrot ging der Sonnenball unter. Nur weniges konnte und durfte vor dem engsten Familienkreis verkündet werden«, so erinnert sich der Pfarrer Karl Alt, der im Vollstreckungsgefängnis München-Stadelheim Geistlicher war.

Am 27. Februar werden alle Familienangehörigen der Täter in Sippenhaft genommen, bis auf den jüngsten Sohn Werner Scholl, der der Wehrmacht angehört. Ein damals schon gängiges Verfahren, das Heinrich Himmler dann auf einer Gauleitertagung in Posen nach dem Anschlag der Widerstandsgruppe des *20. Juli* so erklärte: »Hier« ist die »absolute Sippenhaft einzuführen«, die »sehr alt und bei unseren Vorfahren gebräuchlich gewesen« ist. »Sie brauchen nur die germanischen Sagas nachzulesen. Wenn sie eine Familie in Acht taten und für vogelfrei erklärten oder wenn eine Blutrache in der Familie war, dann war man maßlos konsequent. Dieser Mann hat Verrat geübt, das Blut ist schlecht, da ist Verräterblut drin, das wird ausgerottet. Und bei der Blutrache wurde ausgerottet bis zum letzten Glied der ganzen Sippe.«

Bereits im Juli 1933 verhaftete die Gestapo vier Verwandte von Philip Scheidemann, nachdem der ehemalige Reichskanzler in der *New York Times* einen ›Schmähartikel‹ gegen Hitler-Deutschland veröffentlicht hatte. Im November 1939, nach dem gescheiterten Anschlag auf Adolf Hitler im Münchner Bürgerbräukeller, auch die Familie des geständigen Attentäters Johann Georg Elser. Beide Fälle sind aufsehenerregend, beide werden von der Presse aufgenommen und von der Bevölkerung wahrgenommen. Die Sippenhaft ist dem deutschen Bürger ein Begriff.

Deshalb tut man sich auch mit Mohrs Behauptung schwer: »Meinem früheren Bericht habe ich nachzutragen, dass wenige Tage nach der Verurteilung der Geschwister Scholl und Christoph Probst von Berlin aus die sogenannte ›Sippenstrafe‹ verfügt wurde. Eine derartige Maßnahme war uns bis dahin völlig fremd. Nach dieser Anordnung sollten die nächsten Angehörigen der Verurteilten in Schutzhaft genommen und ohne Ansehen der Person in ein KZ eingeliefert werden. Ich übertreibe nicht, wenn ich sage, dass wir alle über diese willkürliche, durch kein Gesetz gerechtfertigte Maßnahme entsetzt waren. Im Zuge dieser Anordnung wurden auch die Eltern Scholl in Ulm festgenommen ...«

Robert Scholl, der Trauernde, befindet sich nun selbst in der Situation, Mohr in Ulm gegenübersitzen und ihm während eines Verhörs Rede und Antwort stehen zu müssen. Wie seine Tochter lässt auch der liberale Mann den Kriminalobersekretär nicht lange im Unklaren darüber, wie er zum Nationalsozialismus steht. Robert Scholl habe sich mit staatsfeindlichen Äußerungen gleich »um Kopf und Kragen« geredet, erinnert sich Mohr. Er selbst habe dies nicht protokolliert, um den Vater, der gerade zwei seiner Kinder verloren hat, vor einer Internierung in einem KZ zu bewahren.

Diese Aussage in der ›Niederschrift‹ wird wohl den Tatsachen entsprechen, im anderen Fall hätte Robert Scholl dagegen Einspruch erhoben. Der Kriminalobersekretär, selbst Vater eines Sohnes, der, 1924 geboren, nur zwei Jahre jünger ist als Sophie Scholl, identifiziert sich mit dem Vater der Hingerichteten.

Zu seinem Vater befragt, kann der Sohn Willi Mohr einiges Aufschlussreiches über dessen Persönlichkeit sagen. Robert Mohr, 1897 geboren, kommt aus kleinen Verhältnissen. Er lernt den Beruf des Schneiders, in dem er aber nicht arbeiten wird. Unversehrt und dekoriert kommt er aus dem Ersten Weltkrieg zurück und kann in dem Beruf Fuß fassen, den er für seine Berufung hält: bei der Polizei. Im Jahr 1919 wird er zur bayerischen Gendarmerie einberufen, erhält die erste Anstellung im pfälzischen Frankenthal, legt dort nicht nur einen Hass auf Kommunisten an den Tag, sondern auch auf die Franzosen, die er als ›Erbfeinde‹ betrachtet. Als er dann auch noch, wie einige deutsche Beamte, aus dem durch die Franzosen besetzten Frankenthal ausgewiesen wird, entwickelt er sich zu einem glühenden Nationalsozialisten.

Am 1. Mai 1933 wird Robert Mohr Mitglied der NSDAP. Die Partei hat nach der Machtübernahme Hitlers am 30. Januar in nur drei Monaten einen Zuwachs von 1,6 Millionen Mitgliedern zu verzeichnen, dem sie bürokratisch nicht mehr gewachsen ist. In der Nacht zwischen dem 1. und dem 2. Mai verhängt sie deshalb um Punkt null Uhr einen Aufnahmestopp, der vier Jahre andauert, damit das Mitgliedsamt in München Zeit hat, alle Anträge zu bearbeiten.

Robert Mohr weiß, was er tut. Seine Mitgliedschaft zahlt sich sogleich aus: Er macht Karriere, zuerst als Polizeileiter in Frankenthal, dann, durch Vermittlung eines Staatsanwaltes und Parteifreundes, wird er 1938 zur Geheimen Staatspolizei in München bestellt.

Wie viele Väter spricht auch Robert Mohr zu Hause kaum von seinem Dienst. »Noch lange nach dem Krieg hat er so getan, als müsse er Dienstgeheimnisse wahren«, so Willi Mohr. Der innere Druck, unter dem er steht, alle Maßnahmen des Regimes gutzuheißen, wird aber auch im Privaten spürbar. Nachdem am 9. November 1938 in der Münchner Innenstadt die Schaufenster jüdischer Geschäfte eingeschlagen worden sind, fragt der Vierzehnjährige seinen Vater verstört nach der Ursache. Robert Mohr erklärt, Betrunkene seien in die Scheiben hineingefallen. Ende 1942, seit dem Sommer mit den Ermittlungen zur *Weißen Rose* befasst, erleidet er »einen lebensgefährlichen Magendurchbruch« und kann nur durch eine Bluttransfusion gerettet werden. Im Verlaufe des Krieges wendet sich der Sohn immer wieder mit Fragen an seinen Vater, auf die der sonst disziplinierte Mann übergangslos mit großer Aggressivität reagiert.

Willi Mohr beschäftigen dieselben Fragen, die auch von den Mitgliedern der *Weißen Rose* in den Flugblättern thematisiert werden. Im Sommer 1942, erinnert sich der Sohn später, habe er seinem Vater gesagt, dass Deutschland den Krieg nicht mehr gewinnen könne. Worauf der ihn warnt: »Sag das bloß nicht zu anderen Leuten«. Interessant ist, dass Robert Mohr als Vater mit den kritischen Äußerungen über das Regime konfrontiert wird, die er als Gestapo-Beamter verfolgen und ächten muss. Ebenso erwähnenswert ist, dass Willi Mohr in einem Interview, das er als Einundachtzigjähriger führt, eine ganz ähnliche Anmerkung über seine damalige Befangenheit macht wie die junge Sophie Scholl gegenüber Franz Hartnagel: »Als Junge habe ich gelernt, jedes Wort auf die Goldwaage zu legen.«

Willi Mohr hat weder von Sophie Scholl noch von der *Weißen Rose* Kenntnis gehabt. Erst nach dem Krieg erfährt er davon durch die Lektüre von Inge Scholls Buch und dem darin abgedrucktem Bericht seines Vaters: »Da ist es mir eiskalt den Buckel heruntergelaufen, als ich mitbekommen habe, dass mein Vater der Vorarbeiter vom Freisler war.« Und zwar ein effizienter: Auch Willi Graf, enger Freund und Verbündeter von Hans Scholl, wird von Mohr verhört und im Oktober 1943 hingerichtet. Die Schwester Anneliese Graf, ebenfalls in Sippenhaft genommen, beschreibt aus der Sicht einer Frau die Zweideutigkeit Mohrs: »Er zog sich das Mäntelchen des Väterlichen an. Mohr hatte eine gewisse Art, sich hilflosen Frauen als hilfreicher Mann darzustellen. Das ärgerte mich, ich wollte diese Hilfe nicht. Er war für uns einer der Schergen.«

Durch die Überwachung des Briefverkehrs der Familie Graf weiß Mohr auch, dass die älteste Schwester Mathilde ein Kind erwartet: »Eines Morgens kommt er ein Telegramm schwenkend in die Zelle und ruft: ›Der

Stammhalter ist da«.« Anneliese Graf findet diese Grenz-überschreitung der Gestapo-Beamten abstoßend. Was hat Sophie Scholl gedacht, als Robert Mohr ihr am Sonn-tagmittag, nachdem sie den Haftbefehl zu Kenntnis ge-nommen hat, Zigaretten, Obst und Plätzchen mitbrach-te? Und was, als ihr dann um 15 Uhr die Anklageschrift ausgehändigt wird, die sie der Feindbegünstigung, der Vorbereitung zum Hochverrat und der Wehrkraftzer-setzung bezichtigt? Gegen diese Schrift kann sie nur bis Montagmorgen um 8 Uhr Einspruch erheben. Hat Robert Mohr nicht alles getan, um die Anklage so vor-zubereiten, dass die Verhandlung am nächsten Tag nur noch eine Farce ist?

Traurigerweise gibt es für die letzten Tage der Ge-schwister Scholl nur den Kriminalobersekretär Mohr als Zeugen. Und traurigerweise haben die Eltern der Hinge-richteten gerade ihn gebeten, seine Erinnerungen festzu-halten, um die letzten Tage ihrer Tochter rekonstruieren zu können, über die Inge Scholl im Begriff war, selbst zu schreiben. Robert Scholl war dankbar für Mohrs Aus-führungen und hat ihm, der sich nach dem Krieg als Aushilfsarbeiter durchschlagen musste, von sich aus eine Stelle bei einem befreundetem Notar in Ulm angeboten. Was für ein seltsames Beziehungsgeflecht zwischen Op-fern und Täter. Der Familie Scholl erschien Mohrs ›Nie-derschrift‹ wie eine wahrhaftige Quelle. Robert Mohr, der Menschenkenner, war durch sie seinem Ziel ein Stück näher gekommen: entlastende Zeugenaussagen für sein bevorstehendes Entnazifizierungsprogramm zu finden.

Nach Abschluss der Ermittlungen gegen die *Weiße Rose* wird Mohr Leiter der Gestapo-Stelle im besetzten elsässischen Mülhausen. 1947 wird er wegen dieser Tätigkeit von der französischen Besatzungsmacht in Landau interniert und ein Jahr später »straflos« entlassen. »Für seine Ermittlungen zur *Weißen Rose* haben sich die Franzosen nicht interessiert«, obgleich ihnen die Leistungen des französischen Widerstands vor Augen standen. Ab 1948 arbeitet Mohr in der Kurverwaltung in Bad Dürkheim. Obwohl er beim Zusammenbruch des NS-Regimes nur im Rang eines Kriminalkommissars tätig war, gesteht man ihm in der Nachkriegszeit eine Pension als Kriminaloberkommissar zu. Es war keine Seltenheit, dass die Täter nach dem Krieg höhere Renten bekamen als die überlebenden Opfer. Robert Mohr stirbt im Jahr 1977 in Ludwigshafen, für seine Gestapo-Tätigkeit hat er sich nie vor Gericht verantworten müssen.

Vor der Hinrichtung beteuern Sophie und Hans Scholl ihrem Vater, sie seien »von der Gestapo anständig behandelt und nicht gequält« worden. Ob das auch für Hans Scholl gilt, ist nicht zu sagen. Er trägt bei der letzten Begegnung mit seinen Eltern Sträflingskleider und »sein Gesicht war schmal und abgezehrt, wie nach einem schweren Kampf«.

Hans Scholl und Christoph Probst, später Kurt Huber und Traute Lafrenz haben nicht das ›Glück‹, von Mohr vernommen zu werden, sondern müssen seinem Kollegen Anton Mahler Rede und Antwort stehen. Der SS-Untersturmführer gerät nach dem Krieg als Gestapo-Beamter in den *automatic arrest* der Amerikaner und wird von ihnen ausführlich vernommen. Nach seiner Entlassung aus einem Camp bei Regensburg wird gegen Mahler 1948 vor der Spruchkammer München verhandelt, ihm dann 1949 vor dem Landgericht München I der Prozess wegen Erpressung und Körperverletzung gemacht. In diesem Prozess wird ihm die Gefangenenmisshandlung der Mitglieder der *Weißen Rose* zur Last gelegt. Anton Mahler wird am 22. Dezember 1949 von der 3. Strafkammer wegen »fortgesetzter Vergehen der Körperverletzung im Amt und Aussageerpressung zu einer Strafe von vier Jahren Zuchthaus verurteilt«. Der ehemalige Verfolger Hans Scholls flieht in der Verhandlungspause vor der Urteilsverkündung und taucht mit Unterstützung der amerikanischen Spionage-Abwehrabteilung CIC unter. Jetzt beginnt seine zweite Karriere: Anton Mahler tritt in die Dienste der CIC. Er wird eine Zeit lang Mitarbeiter von Klaus Barbie, der von 1942 bis 1944 Gestapo-Chef von Lyon war und wegen seiner Grausamkeit »Schlächter von Lyon« genannt wurde. Auch er, der mehrfach zum Tode verurteilte deutsche Kriegsverbrecher, wird 1947 Agent der CIC und beschafft den Amerikanern vor allem Informationen über potenzielle kommunistische Widerstandskämpfer und Agenten.

Anton Mahler gelingt die Aufnahme in die CIC durch ein siebzehnseitiges Schriftstück, *Sedition activities of the Scholl Twins* betitelt, in dem er über die Fahndung nach den Verfassern der Flugblätter bis hin zur Zerschlagung der *Weißen Rose* Auskunft gibt. Dabei stellt er Robert Scholl als Marxisten dar, der seine ganze Familie in diesem Sinn geprägt habe. Hans Scholl sei mit seinen ihm anvertrauten Jugendgruppen regelmäßig in die Sowjetunion gereist, um sie dort politisch zu schulen. Gerissen passt sich Anton Mahler dem neuen Feindbild des ›Kalten Krieges‹ an. Seine Fähigkeiten werden nun vom CIC für die Bekämpfung von Kommunisten genutzt.

Der in Abwesenheit wegen Gefangenenmisshandlung verurteilte Mahler besitzt die Dreistigkeit, sich während seiner Zeit im Untergrund brieflich an Robert Scholl zu wenden. Er bittet darum, ihm eine Bescheinigung auszustellen, den sogenannten ›Persilschein‹, der seine Schuldlosigkeit bezeugen soll, da er Hans und Sophie doch »nobel« behandelt habe.

Diesen ›Mythos‹ hielt also nicht nur Robert Mohr aufrecht, der in seiner ›Niederschrift‹ den Leser glauben machen will, dass Hans Scholl ihm zwei Stunden vor der Hinrichtung seinen Dank abgestattet hätte. »Ungeachtet der Aufsicht kam Hans Scholl auf mich zu gelaufen, schüttelte mir die Hand mit den Worten, er habe gerade seinen Eltern aufgetragen, mir den Dank dafür auszusprechen, weil ich seine Schwester so gut behandelt habe, er sei nun froh darüber, diesen Dank persönlich abstatten zu können. Ich war darüber derart gerührt, dass ich kein Wort sagen konnte.«

Robert Mohr und Anton Mahler sind die »Vorarbeiter« von Roland Freisler. Der verurteilt am 22. Februar 1943 in einem Schnellverfahren, das von 10 Uhr bis zur Verkündung der Todesurteile um 13.30 Uhr dauert, Hans Scholl, Sophie Scholl und Christoph Probst und dann im zweiten, am 19. April 1943, Alexander Schmorell, Willi Graf und Professor Kurt Huber. Wie kann man sich einen Juristen vorstellen, der zwischen 1942 und seinem Tod am 3. Februar 1945 – er wird während eines schweren Luftangriffs auf Berlin bei der Arbeit von einem herabstürzenden Deckenbalken erschlagen –, etwa zweitausendsechshundert Todesurteile ausgesprochen hat?

Freisler war am 20. August 1942 von Hitler zum Präsidenten des Volksgerichtshofs ernannt worden. Am 15. Oktober bezeigte er in einem Schreiben seine Ergebenheit: »Der Volksgerichtshof wird sich stets bemühen, so zu urteilen, wie er glaubt, dass Sie, mein Führer, den Fall selbst beurteilen würden. Heil, mein Führer! In Treue, Ihr politischer Soldat Roland Freisler.«

Von Wahrheitsfindung ist hier ausdrücklich nicht die Rede. Auch bezeichnet sich der promovierte Freisler nicht als Jurist, sondern als politischer Soldat. Das tut er zum einen, weil er weiß, dass Hitler ein tiefes Misstrauen gegen Akademiker hegt, zum anderen will er mit dieser Unterwerfungsgeste klarstellen, dass er sich wie ein Soldat den Befehlen Hitlers unterstellt. Damit ist die Unabhängigkeit der Gerichte von der politischen Macht aufgehoben.

Freisler sieht sich als Soldaten auf dem Schlachtfeld des Gerichtsaals, wo es gilt, möglichst viele Feinde zu töten. Und da er durch seine von Hitler übertragene Machtstellung als Einziger sozusagen eine ›Rüstung‹ trägt, glaubt er sich unverwundbar, jedem überlegen. Als ihn der herabstürzende Deckenbalken erschlägt, hält er die Akte von Fabian von Schlabrendorff umklammert, als wollte er den Prozess gegen den Widerstandskämpfer aus der Gruppe des *20. Juli* noch während seines Sterbens weiterführen, bis das Todesurteil über den Feind verhängt ist.

Hatte Robert Mohr die Macht, eine junge, begabte, lebensbejahende Frau dreizehn Stunden lang zu verhören und damit ihre wenigen und letzten Lebensstunden

zu bestimmen, so kennen die Allmachtsgefühle eines Freisler gar keine Grenzen. Nach dem missglückten Attentat am 20. Juli 1944 sagt Hitler über ihn: »Der Freisler wird das schon machen. Das ist unser Wyschinskij.« Andrej Wyschinskij, Generalstaatsanwalt der Sowjetunion, war berüchtigt für die Schauprozesse, deren Verlauf er in enger Absprache mit Stalin festlegte. Die Angeklagten, meist durch schwere Folter zu ihren Aussagen und den erwünschten Geständnissen gebracht, wurden bei seinen Auftritten beschimpft, angeschrien und gedemütigt. Wichtiger noch war es Wyschinskij, Stalin durch seine Prozessführung zu zeigen, dass man überhaupt auf Beweise verzichten kann. Allein schon die verbrecherische Gesinnung der Angeklagten richtet sie.

Auch Freisler ist ein entschiedener Verfechter des Gesinnungsrechts, nach dem ein politisch Angeschuldigter nicht nach dem Umfang und Ausmaß seiner Tat, sondern nach der sich darin zeigenden Gesinnung bestraft wird. Während Freisler, im roten Talar und schwarzem Barett, gegen die Geschwister Scholl und Christoph Probst »tobend, schreiend, bis zum Stimmüberschlag brüllend, immer wieder explosiv aufspringend«, die Verhandlung führt, bleiben die Angeklagten, »von ihren Idealen erfüllt«, ruhig, gefasst, klar und tapfer. Auch wenn Freisler sie »als eine Mischung von Dümmlingen und Kriminellen hinzustellen« versucht, bewahren sie ihre Haltung. So erinnert sich der Gerichtsreferendar Leo Samberger, der nach der Verkündung der Todesurteile den Eltern dabei behilflich ist, ein Gnadengesuch aufzusetzen.

Als Freisler Sophie Scholl fragt, was sie als junge Frau bewogen hat, sich an einer solchen Flugblattaktion zu beteiligen, antwortet sie ganz ruhig: »Einer muss ja doch schließlich den Anfang machen! Was wir sagten und schrieben, denken ja so viele. Nur haben sie nicht den Mut, es auszusprechen.«

Obwohl Hans Scholl die körperliche Anstrengung der letzten Tage anzusehen ist – einmal wird er stehend fast ohnmächtig –, zeigt er sich von der Gerichtsinszenierung unbeeindruckt. Kriminalsekretär Ludwig Schauß notiert: »Meldung. Hans Scholl bezeichnet die heutige Verhandlung als ›ein Affentheater‹.« Die Machthaber der Sowjetunion und die der Nationalsozialisten haben voneinander gelernt, sie verbindet vieles, auch wenn man öffentlich das Gegenteil behauptet. Unmenschlichkeit und der Hang zur Inszenierung sind beiden Regimen eigen.

Über eine besondere Szene, die sich bei dem zweiten Prozess gegen die Angeklagten der *Weißen Rose* abspielte, spricht 1990 Hans Hirzel, Mitangeklagter, in einem Interview mit Ulrich Chaussy. Freisler »hat eine Art Privatissimum-Anfang über den Status und den Sinn dieses Gerichts gegeben. Er hat bekannt gegeben, dass das Gericht an kein Gesetz, an keine Prozessordnung gebunden sei, was natürlich wesentlich ist. Er hat dann gesagt: ›Sehen Sie mal, wir haben nicht einmal ein Strafgesetzbuch bei uns!‹ – Da hat ihm ein Beisitzer ein Strafgesetzbuch, das er trotzdem, trotz dieser Auffassung bei sich hatte, zugeschoben. Worauf Freisler es packte, in den Saal warf, sodass es am Boden entlang schlidderte und brüllte: ›Wir brauchen kein Recht! Wir brauchen kein Gesetz! Wer gegen uns ist, der wird vernichtet.‹«

## 3
### ICH KANN GANZ RUHIG AN
### DICH DENKEN

*Liebe und Krieg*

Über den letzten Gang Sophie Scholls zur Hinrichtungsstätte haben der Pfarrer Karl Alt, der damalige Vertreter der Gefängnisleitung und der Scharfrichter berichtet.
Ihre Aussagen gleichen im Wesentlichen dem offiziellen
Protokoll: »Die Verurteilte war ruhig und gefasst«. Die
Männer haben ihren aufrechten Gang bewundert, ihren
geraden Blick, die Wimpern, die nicht zuckten, die Art,
wie sie sich in innerer Übereinstimmung mit den Folgen ihres Handelns ohne Gegenwehr auf das Liegebrett
schnallen ließ, das waagerecht unter das Fallbeil geschoben wurde.

Karl Alt schreibt in seinem *Augenzeugenbericht* über
die letzten Stunden Sophie Scholls, dass die »ebenso lieb-
liche wie tapfere« junge Frau vor ihrer Hinrichtung gesagt
habe, »es sei ihr gänzlich gleichgültig, ob sie enthauptet
oder gehenkt würde«. Von ihrem Pflichtverteidiger aber,
den man ihr noch schnell am Sonntagnachmittag in die
Zelle schickt, will Sophie Scholl nur zwei Dinge wissen:
Ob Hans als Soldat das Recht auf Erschießung habe? Ob
sie selbst durch das Fallbeil oder den Strang hingerichtet werde? Ohne Antwort zu geben, verlässt der Mann

schnellstens ihre Zelle. Auch am nächsten Tag wird er nicht ein Wort für die Angeklagte verwenden. Sophie wird also mit der Frage nach der Todesart, die ihr wichtig ist, allein gelassen. Bis Montag muss sie die Frage für sich klären, und sie tut es auf ihre Weise. Vor der Hinrichtung konzentriert sie sich nur auf eines: ob es für sie ein »in Gott« oder »außer Gott« nach dem Tode gibt.

Die Art, wie Sophie Scholl in den Tod gegangen ist, lässt vielleicht den Gedanken aufkommen, sie hätte den Tod gesucht. Dieser Rückschluss ist falsch, sie wollte nicht sterben; nichts lag ihr ferner als Todessehnsucht. Dafür gibt es zahlreiche Dokumente. Eines davon ist ihr letzter Brief, den sie einen Tag vor ihrer Verhaftung an ihre Freundin Lisa Remppis richtet. Er zeigt eine große Lebenslust.

*München, 17.2.1943*

*Liebe Lisa!*

*Ich lasse mir gerade das Forellenquintett vom Grammofon vorspielen. Am liebsten möchte ich da selbst eine Forelle sein, wenn ich mir das Andantino anhöre. Man kann ja nicht anders als sich freuen und lachen, sowenig man unbewegten oder traurigen Herzens die Frühlingswolken am Himmel und die vom Wind bewegten knospenden Zweige in der glänzenden jungen Sonne sich wiegen sehen kann. O, ich freue mich wieder so sehr auf den Frühling. Man spürt und riecht in diesem Ding von Schubert förmlich die Lüfte und Düfte und vernimmt den ganzen Jubel der Vögel und der ganzen Kreatur. Die Wiederholung des Themas durch das Klavier – wie kaltes klares perlendes Wasser, oh, es kann einen entzücken.*

*Lass doch bald von Dir hören.*
*Herzlichst!*
*Deine Sophie*

»Nicht in ihrem Heldenmut fand sie ihre Kraft, sie schöpfte sie aus ihrem Einssein mit der Natur«: das hat Rainer Maria Rilke von Rosa Luxemburg gesagt. Man kann den Satz ohne Weiteres auf Sophie Scholl übertragen. Auch sie findet in ihrer nächsten Umgebung die Wunder der Schöpfung und hat dadurch einen starken Halt in der Welt. Offenbar war sie sich auch sicher, den nächsten Frühling zu erleben.

Im dritten und letzten Verhör gedrängt, darüber Auskunft zu geben, wer die *Weiße Rose* noch finanziell unterstützt hat, spricht sie zum ersten Mal den Namen des Mannes aus, den sie liebt. Ein Mitwisser ist er freilich dennoch nicht, denn sein Geld ist ohne sein Wissen in die Flugblattaktion geflossen. Sie tut das aus einer Gemütsbewegung heraus, wie man in größter Not die »Arme der Götter« herbeiruft. Bis jetzt hat sie ihn vor Robert Mohr verschwiegen; nun, am Ende des Verhörs, wird sie von der Sehnsucht erfasst, doch noch eine Zukunft zu haben. Plötzlich hat sie nur den einen Wunsch, dass der Gestapo-Beamte die Tatsache in das todbringende Protokoll aufnimmt, wie jung sie noch ist und dass ihr und ihrem Geliebten doch eine Zukunft zusteht. Dieser Gedanke gibt ihr in dem Moment der Aussage Kraft.

»Seit 8 oder 9 Jahren bin ich mit Fritz Hartnagel, 26 Jahre alt, aus Ulm, bekannt. Genannter ist aktiver Offizier der Luftwaffe (Hauptmann), befand sich bei der 6. Armee in Stalingrad, hat starke Erfrierungen erlitten und wurde deshalb noch vor der Beendigung der Kämpfe mit dem Flugzeug abtransportiert und befindet sich nunmehr in einem Lazarett in Lemberg. Mit Hartnagel verbindet mich seit 1937 ein Liebesverhältnis und wir hatten auch die Absicht uns später einmal zu heiraten.«

Auch Sophies letzter Traum, den sie in der Nacht vor ihrer Hinrichtung hat, tief schlafend trotz greller Beleuchtung, die einen Selbstmord in der Zelle ausschließen soll, deutet auf die Zukunft hin. Ihre Zellengenossin, die politische Gefangene Else Gebel, hat den Traum der Nachwelt bewahrt. Es sei Tag gewesen im Traum, ein schöner klarer Tag. Sophie habe ein kleines Kind im weißen Taufkleid einen steilen Berg zu einer Kirche hinaufgetragen. Da hätte sich plötzlich vor ihr eine Gletscherspalte aufgetan. Es sei ihr gerade noch gelungen, das Kind auf die gegenüberliegende Seite, auf festen Grund zu legen, dann sei sie selbst in die Tiefe gestürzt.

Sophie Scholl ist sich beim Aufwachen und Erzählen ganz sicher, was der Traum zu bedeuten hat. Das Kind symbolisiere die Idee, für die sie und ihre Mitstreiter stehen. Diese Idee werde leben, sich durchsetzen, aber sie, die Wegbereiter, müssten sterben. Sophie Scholl ist diszipliniert durch jahrelange Selbsterziehung, keinesfalls will sie vor der Gerichtsverhandlung etwas in sich erkunden, dem sie seelisch nicht gewachsen ist. Ihre Traumdeutung steht für ihre unerschütterliche politische Haltung.

Der tiefen Sehnsucht einer jungen Frau entspricht ihre Deutung nicht. Denn der Traum zeigt noch einmal, wie sehr Sophie das Leben liebt. Das Kind im weißen Taufkleid bedeutet: das Leben. Der Weg zur Kirche ist der Lebensweg: die Möglichkeit, erwachsen zu werden und

vielleicht einmal ein eigenes Kind zum Taufbecken tragen zu können; überhaupt an dem Reigen des Lebens teilhaben zu dürfen.

Auch die Zeilen, die sie kurz vor ihrer Verhaftung an Fritz Hartnagel schickt, zeigen, wie sehr sie den Freuden des Leben zugetan ist:

*München, 16.2.1943*

*Mein lieber Fritz!*

*Gestern habe ich einen wunderbaren blühenden Stock gekauft, er steht vor mir auf dem Schreibtisch am hellen Fenster, seine graziösen Ranken, über und über mit zarten lila Blüten besetzt, schweben vor mir und über mir. Er ist meinen Augen und meinem Herzen eine rechte Freude, und ich wünschte mir nur, dass Du kommst, bevor er verblüht ist. Wann wirst Du nur kommen?*

Sophies Brief erreicht Fritz Hartnagel im Frontlazarett in Lemberg. Mit der letzten Maschine, die noch im Kessel von Stalingrad hatte landen und wieder starten können, war er am 22. Januar 1943 wegen schwerer Erfrierungen an Händen und Füßen ausgeflogen worden. Zunächst nach Stalino, dann nach Lemberg weitertransportiert, wurden dem Hauptmann im »Bergsanatorium« zwei Finger der linken Hand amputiert. Der Genesende antwortet am 22. Februar; seinen Brief wird Sophie nicht mehr lesen können.

*Wieder hat mich heute ein Gruß erreicht, von dem mir als Erstes zarte, lilarote Blütenblätter in den Schoß fielen. Und wie ich dann Deinen Brief in den Händen halte, und*

*dazu noch die Sonne schon ganz warm durchs Fenster he-*
*reinstrahlt, muss da nicht der Frühling bei mir einkehren?*
*Oder zumindest eine Vorahnung und eine starke Hoffnung*
*auf seine Nähe?*

Fritz Hartnagel, 1917 in Ulm geboren, leitet als Jugend-
licher eine Jungengruppe der ›Deutschen Freischar‹, zu
der auch Werner Scholl gehört. Mit Werner und Hans
besucht er die gleiche Oberrealschule, so ergibt sich wie
von selbst ein lockerer Kontakt zur Familie Scholl. Nach
dem Abitur entscheidet er sich, Berufsoffizier zu werden.
Die Wehrmacht hält er, ihrem damaligen Selbstverständ-
nis entsprechend, für unpolitisch und parteiunabhängig,
kurz für neutral. An dem Gedanken, bald zu einer Elite
im Staat zu gehören, hat er Gefallen. Er macht den Abschluss an der Offiziersschule in Potsdam und beginnt im
Frühjahr 1937 in einer Augsburger Kaserne seinen Dienst.
An den freien Wochenenden ist er in Ulm und nimmt
gerne die Einladungen an, die ihm vergnüglich erscheinen. Auf einer Tanzveranstaltung bei Annelies Kamme-
rer, einer Schulfreundin von Sophie, deren Eltern ein
Grammofon besitzen und auch mit Wein und Sekt nicht
sparen, lernen sich Sophie und Fritz im Herbst 1937 näher
kennen. Es ist Sophies hingebungsvolle Art zu tanzen, als
sei sie ganz für sich, die den jungen Mann aufmerksam
werden lässt. Der Zauber, der in ihren Bewegungen liegt,
und ihre Selbstvergessenheit ziehen ihn in ihren Bann.

Die fünfeinhalb Jahre andauernde Beziehung ist kom-
pliziert und heftigen Schwankungen unterworfen: Es
gibt Zeiten intensiver Zuneigung und Zeiten der Abkehr
vom anderen. Dabei tritt Sophie meist als die Bestim-

mende auf und Fritz Hartnagel als der sich Fügende und Vermittelnde. Zuerst wirbt die verliebte Sophie um ihn, den Spröden. Dann beginnt die Liebe, vor der Sophie wegen ihres starken Unabhängigkeitsbedürfnisses plötzlich zurückschreckt; die Liebe geht über in Freundschaft, bis sich am Ende die Liebe wieder behaupten kann.

Durch die erzwungene räumliche Distanz in Kriegszeiten entwickelt sich ein Briefwechsel, von dem heute über dreihundert Briefe veröffentlicht sind. In diesem lebendigen Dialog ist Sophie die Temperamentvolle und Fordernde, sehr offen in dem, was sie zu sagen hat. Beim Lesen der Briefe erfährt man nicht nur von den ernsthaften Bemühungen zweier Menschen um eine Liebesbeziehung, sondern man nimmt auch an der Persönlichkeitsentwicklung beider teil.

»Ich kann ganz ruhig an Dich denken«, schreibt Sophie am 9. November 1939. »Und ich bin froh, es so, ohne jede Verpflichtung, tun zu können wie ich will. Es ist schön, wenn zwei miteinander gehen, ohne sich zu versprechen, wir treffen uns da und da wieder, oder wir wollen immer beieinander bleiben. Sie gehen so einfach ein Stück zusammen, und wenn es sich gibt, dass sich ihre Wege trennen, so geht jedes in seiner Richtung so ruhig weiter.« Der Wunsch nach Unabhängigkeit zieht sich wie ein roter Faden durch Sophies Briefe. So schreibt sie am 29. Oktober 1939: »Es gibt Stunden des Alleinseins, die wiegen alle die Tage auf, in denen man sich gesehnt hat nach einem Menschen«. Doch Sehnsucht nach Geselligkeit ist ihr keineswegs fremd.

Ihrem Temperament entsprechend, kann Sophie drängende Fragen nicht lange zurückhalten; ihre Briefe machen es Fritz Hartnagel oft nicht leicht. Er, der Berufssoldat, der gerade in Calw stationiert ist, muss sich von ihr am 5. September 1939 sagen lassen: »Nun werdet ihr ja genug zu tun haben. Ich kann es nicht begreifen, dass nun dauernd Menschen in Lebensgefahr gebracht werden von anderen Menschen. Ich kann es nie begreifen und finde es entsetzlich. Sag nicht, es ist für's Vaterland.« Die Achtzehnjährige zeigt sich nicht nur an dieser Stelle als unbeugsame Pazifistin. Allen ihren Freunden, die eingezogen werden, nimmt sie das Versprechen ab, niemals auf andere zu schießen. Das verlangt sie natürlich auch von Fritz.

Mit großer Empathie begabt, denkt sie sich in das Alltagsleben eines Soldaten hinein: »Es gibt nichts mehr, über das man richtig sprechen könnte. Denn alles klingt doch lächerlich, muss es besonders für Dich klingen. Wenn ich Dir erzähle, dass im Garten die Blumen vor Nässe schwarze Ränder um die Blütenblätter kriegen, ausgenommen die Zynnia. Dieses alles ist Dir schrecklich entfernt, gelt?«

Sophie wünscht sich, dass Fritz später einen anderen Beruf ergreift. Sein Leben in der Kaserne stellt sie sich wie das in einem Gefängnis vor. »Ich denke auch oft daran, was Du nun für Menschen um Dich hast, mit wem Du näher verkehrst. Darüber schreibst Du nie. Wen von ihnen Du gerne hast. Kommt Ihr denn noch mit Frauen und Kindern und Mädchen zusammen?« Die letzte Frage stellt sie nicht aus Eifersucht, sondern aus einem Misstrauen gegenüber einer reinen Männergesellschaft.

Der Krieg, der am 1. September mit dem Überfall auf Polen begonnen hat, ist erst einen Monat im Gange, die

Zivilisten in Deutschland sind noch nicht von ihm betroffen, da hat Sophie schon ihren ersten Kriegsalbtraum: »Neulich träumte ich, ich sei in einer Gefängniszelle, gefangen über den ganzen Krieg. Ich hatte einen dicken eisernen Ring um den Hals, das war das Unangenehmste an dem Traum.«

Sophie Scholl berichtet in ihren Briefen von ersten Anzeichen des Krieges. »Auch hier spüren wir etwas vom Krieg«, schreibt sie am 16. Mai 1940 aus Ulm, »denn kaum eine Minute bleibt das Ohr verschont von dem Geräusch der Flugzeuge«. Im Juli 1940 erwähnt sie den ersten nächtlichen Abwurf einer Bombe über Ulm. Als Fritz in Holland stationiert ist, macht sie sich Gedanken über die holländischen Blumenfelder. »Deine Narzissen sind jetzt verblüht. Ich hatte sie so gerne und mochte sie gar nicht wegwerfen. Eine habe ich gepresst. Hast Du in Holland schon schöne Blumen gesehen? Denn es ist doch das Gartenland? Hoffentlich sind die Unschuldigen nicht alle zerstört worden.« Die Natur anzuerkennen als ein Wesen, das genauso wenig der Zerstörung preisgegeben werden darf wie der Mensch, das ist Sophies Überzeugung. Deswegen wird sie sich niemals mit dem Geschäft des Krieges abfinden.

In den Ohren des Offiziers Hartnagel wird sich Sophies Sorge um »die Unschuldigen« wunderlich angehört, vielleicht wird er sie als naiv abgetan haben. Was die gerade Neunzehnjährige ihm aber in den nächsten Zeilen schreibt, versteht er, und es wird zum Vermächtnis für sein weiteres Leben: »Ich wünsche Dir sehr, dass Du diesen Krieg und diese Zeit überstehst, ohne ihr Geschöpf zu werden«. Bis zu seinem Lebensende im Jahr 2001 wird Sophies Wunsch der Leitspruch für Fritz Hartnagels Handeln bleiben.

So schreibt er wenige Monate nach dem Tod von Sophie an die Schwester Elisabeth Scholl: »Morgen sind es 8 Jahre, dass ich Soldat bin. Ob sie wohl ganz spurlos an mir vorübergegangen sind? Du musst mithelfen, diese Spuren bei mir auszutilgen. Da sei bitte ganz unbarmherzig, wie es Sophie manchmal sein konnte, um mich auf den richtigen Weg zu bringen. Und dafür bin ich ihr so dankbar. Wo wäre ich heute, wenn Sophie sich von mir hätte leiten lassen, und ich schäme mich nicht, dass es ein junges Mädchen war, das mich fast vollkommen gewendet hat.«

Der Briefwechsel zwischen Sophie und Fritz entwickelt sich zu einem Dialog, in dem nicht nur über den Krieg diskutiert wird, sondern auch über Ethik, Religion und Politik. In dem Brief, den sie am 28. Juni 1940 schreibt, nimmt sie wieder einen klaren Standpunkt ein: »Du findest es sicher unweiblich, wie ich Dir schreibe. Es wirkt lächerlich an einem Mädchen, wenn es sich um Politik kümmert. Sie soll ihre weiblichen Gefühle bestimmen lassen über ihr Denken. Vor allem das Mitleid. Ich aber finde, dass zuerst das Denken kommt, und dass Gefühle oft irreleiten, weil man über dem Kleinen, das einen vielleicht unmittelbar betrifft, vielleicht am eignen Leib, das Große kaum mehr sieht.«

Fritz Hartnagel, der um vier Jahre Ältere, lässt sich während des jahrelangen Dialogs langsam von der Haltung der Jüngeren einnehmen. Ihre feinfühlige Zuwendung zu jeglicher Kreatur, im Wechsel mit ihren knapp formulierten Lebensmaximen, tun ihre Wirkung. Der

Berufsoffizier beginnt Zweifel an seinem Dienst zu bekommen. Aus dem überzeugten Soldaten, der von Erwin Rommel ausgebildet worden ist, wird ein Skeptiker und später, in Zeiten der Bundesrepublik, ein bekennender Pazifist, der als Jurist Kriegsdienstverweigerer berät.

Je länger der Krieg andauert, desto öfter kommt es vor, dass Fritz Hartnagel in Streit mit seinen Kameraden gerät. Am 18. Oktober 1942 berichtet er über eine Diskussion, die Mitte Oktober in seinem selbst ausgehobenen Erdbunker vor Stalingrad stattfindet. Er beklagt sich, dass er »immer allein« sei mit seiner Meinung, Kasino-Besuche sind ihm deshalb verhasst. Die anderen würden zwar mit ihm übereinstimmen, dass die Natur gut sei, da Gott sie geschaffen habe, daraus jedoch folgenden Schluss ziehen: »Ein Gesetz der Natur sei aber der Kampf aus Selbsterhaltungstrieb, nur aus dem Tod entstünde Leben, das ewige Stirb und Werde. So sei auch der Kampf Volk gegen Volk, die Unterdrückung oder Vernichtung des Schwächeren ein Gesetz der Natur und deshalb gut.«

»Ich wollte«, antwortet Sophie am 28. Oktober 1942, »ich könnte Dir in dem Streit, den Du oft in den Gesprächen mit Deinen Offizieren führen musst, mit dem was ich weiß und bin, zur Seite stehen. Weißt Du, dass sich nicht ihr ganzes Inneres gegen dieses Naturgesetz, den Sieg des Mächtigen über das Schwache, aufbäumt, scheint mir schrecklich und entweder entartet oder ganz und gar unempfindsam. Schon ein Kind ist mit Grauen erfüllt, wenn es den Sieg eines mächtigen Tieres über ein schwaches und dessen Untergang miterleben muss.«

Im Oktober 1938 hatte Fritz noch resümiert: »Ich bin wieder mal restlos begeistert von meinem Soldatenberuf;

und so paradox es klingen mag, wenn Schiller sagt ›der Soldat allein ist der freie Mann‹, so ist es doch wahr«. Nun stellt der Berufssoldat diese Wahrheit und sich selbst immer öfter infrage.

Fritz Hartnagel wacht aber nicht erst auf, als die Schlacht um Stalingrad verloren ist. Sehr genau nimmt er Monate vor der Zerschlagung der 6. Armee das Elend der Flüchtlinge wahr: »Man wird schon ganz stumpfsinnig, wenn man auf Schritt und Tritt den verhungerten und zerlumpten Flüchtlingen aus Stalingrad begegnet«. Er, der »für 270 Mann Unterkünfte für einen russischen Winter zu bauen« hat, ohne irgendein Handwerkszeug oder Baumaterial zu besitzen, weiß, dass die »einzige Quelle« für Material »die zusammengeschossenen Häuser« in Stalingrad sind. Bei der Materialbeschaffung wird Fritz Hartnagel auch mitangesehen haben, wie die nachrückenden deutschen Einheiten die in der Stadt noch anzutreffenden Zivilisten bedenkenlos in die Steppe treiben, wo sie verhungern. Für die Versorgung der deutschen Kompanien werden den Bauern auf dem Land die letzten Nahrungsmittel abgepresst und damit auch sie und ihre Familien dem Hungertod preisgegeben.

»Heute ist Sonntag«, schreibt Hartnagel am 20. September 1942. »Er unterscheidet sich zwar von den anderen Tagen nur dadurch, dass es Bohnenkaffee und ein gutes Sonntagsessen gibt. Heute gabs zum Beispiel eine Gemüsesuppe mit Mark, dann Gänsebraten mit Tomatensalat (für die ganze Kompanie = 36 Gänse!) und zum Nachtisch eine Riesenportion Pudding aus Dosenmilch!« Doch der Verrohung durch den Krieg kann sich keiner entziehen, auch Fritz Hartnagel nicht. Eben war er noch über das Elend der russischen Bevölkerung erschüttert, jetzt beschreibt er lustvoll das Sonntagsessen. Der Hunger ist stärker als das Gewissen.

Im letzten Jahr des Briefwechsels wird Sophies Stimme für Fritz Hartnagel immer wichtiger. Durch sie fühlt er sich nicht nur getröstet und geborgen: »Meine Gedanken ruhen bei Dir, da brauchen sie sich nicht zu fürchten, denn Du wirst sie zum Guten führen«. Auch seine Religiosität entwickelt sich hin zu einer Gottverbundenheit, die in jedem Brief aufscheint.

Am 9. Dezember 1942 übernimmt er sogar Sophies Art, die Welt zu betrachten: »Als gestern der Russe ein recht heftiges Feuer auf unsere Stellungen legte und rings herum der Kriegslärm tobte, saß plötzlich ein Vöglein am Rand meines Schützenlochs und piepste vergnügt, als ob es sich darum gar nicht kümmern würde. Ich weiß nicht, was mich dazu bewegte, in diesem Augenblick so sicher anzunehmen, dass dies ein Gruß von Dir sein könne …«

Sophie ist jedoch nicht immer die Starke, auch sie wird von Ängsten heimgesucht, darf aber die Gründe nicht nennen. Am 18. November 1942 schreibt sie zu Anfang noch kraftvoll: »Wenn ich könnte, so würde ich Dich immer mehr aufhetzen gegen die Gleichgültigkeit«, die in jedem Soldaten-Leben eintreten muss. »Gegen die Dürre des Herzens hilft nur das Gebet, und sei es noch so arm und klein.« Doch plötzlich werden ihre Zeilen zu einem einzigen Hilferuf: »O Fritz, wenn ich Dir jetzt nicht anderes schreiben kann, so doch bloß deshalb, weil es erschreckend lächerlich ist, wenn ein Versinkender, anstatt um Hilfe zu rufen, beginnt über irgendein« Thema sich auszulassen. »Ich bin Gott noch so fern, dass ich ihn nicht einmal beim Gebet spüre. Doch hilft dagegen nur das Gebet, und wenn in mir noch so viele Teufel rasen, ich will mich an das Seil klammern, das mir Gott in Jesus Christus zugeworfen hat, und wenn ich es nicht mehr in meinen erstarrten Händen fühle. Ich bitte Dich: denke an mich in Deinem Gebet; ich will Dich auch nicht vergessen.«

Die große Angst, die aus diesem Brief spricht, wird für Fritz Hartnagel ein neuer Wesenszug an seiner Geliebten gewesen sein. Er weiß nicht, in welcher Gewissensnot sich Sophie befindet. Der emotional widersprüchliche Brief lässt die zwei Impulse hervortreten, von denen die gläubige Widerstandskämpferin geleitet wird: ihre unbeugsame Haltung gegenüber Krieg und Diktatur – und ihre Angst vor den persönlichen Folgen bei Entdeckung. Denn zu dieser Zeit bemüht sich der Münchner Freundeskreis der *Weißen Rose*, die Flugblattaktion fortzusetzen, um an möglichst allen deutschen Universitäten Verbündete zu gewinnen, in der Annahme, die Hochschulen seien Zentren der politischen Opposition. Man ist auch bestrebt, Kontakt zu Widerstandsgruppen in Berlin und anderen Städten aufzunehmen, was besonders heikel ist. Denn die Unabhängigkeit der einzelnen Gruppen bietet Schutz bei Verhören, in denen mit Gewalt weitere Namen von der Gestapo herausgepresst werden.

Während sich die Situation im Kessel von Stalingrad dramatisch zuspitzt, wird im Dezember 1942 in der Familie Scholl noch einmal harmonisch Weihnachten gefeiert. Zwar hat man Geld- und Zukunftssorgen; Robert Scholl ist wegen kritischer Äußerungen über Hitler, den er als »Geißel Gottes« bezeichnet hat, zu vier Monaten Gefängnis verurteilt und schließlich mit einem Berufsverbot belegt worden, aber noch hat man immerhin ein Dach über dem Kopf und zu essen. Die Familie lebt von den Ersparnissen, die Robert Scholl in guten Jahren zurückgelegt hat. Und Magdalena Scholl weiß zu wirtschaften; den Sommer über hat sie reichlich Vorräte aus ihrem Nutzgarten angelegt.

Der Briefwechsel zwischen den Liebenden wird spärlicher, wochen- und monatelang hören sie nichts voneinander, obwohl sie sich fast täglich schreiben. Die Briefe aber, die ihr Ziel erreichen, werden ihnen umso kostbarer. Obwohl Sophie über die Lage in Stalingrad am Ende des Jahre nur vage unterrichtet ist – die Propaganda verschleiert die tatsächlichen Geschehnisse in Russland bis 1945 –, wünscht sie Fritz: »Könnte ich Dir Kraft zuschicken, dass Du Deine täglichen großen Sorgen leichter bewältigen kannst.«

›Kraft‹ benötigen Fritz und Sophie gleichermaßen. Je intensiver sich Sophie an den Widerstandsaktionen beteiligt, desto stärker sind ihre Stimmungsschwankungen. Sie ist jetzt oft sehr niedergeschlagen: »Sobald ich allein bin«, vertraut sie am 13. Januar 1943 ihrem Tagebuch an, »verdrängt eine Traurigkeit jede Lust zu einer Tätigkeit in mir. Wenn ich ein Buch zur Hand nehme, dann nicht aus Interesse, sondern so, als ob es ein anderer täte. Über diesen entsetzlichen Zustand kann nur eines helfen. Die schlimmsten Schmerzen, und wären es bloß körperliche, sind mir tausendmal lieber als diese leere Ruhe.«

Während der Reichspropagandaminister Goebbels noch am 15. Januar 1943 verkündet, »das Ringen um

Stalingrad nähert sich seinem erfolgreichen Ende«, erlebt Fritz Hartnagel die Realität des Krieges, die er lange Zeit verdrängt hat. Zwei Tage nach Goebbels' Kundgebung schreibt er: »Wir haben sehr schlimme Tage hinter uns. Seit 8 Tagen sind wir in ständigem Rückzug auf Stalingrad. Seit 8 Tagen sind wir bei 30° Kälte im Freien gelegen, ohne eine Möglichkeit uns aufzuwärmen. Mein Bataillon ist vollkommen aufgerieben. Ich selbst habe beide Hände erfroren, davon 2 Finger mit Erfrierungen 3. Grades. Ich war nun eben auf dem Weg zum Hauptverbandsplatz, um in ärztliche Behandlung zu gehen. Aber dort werden nur Schwerverwundete angenommen«. Am Ende des Briefes ruft er Gott zu Hilfe: »Ich will beten und nochmals beten in diesen Tagen, und auch Du und alle Lieben sind darin innigst eingeschlossen.«

Schon in Sicherheit, schreibt er am 12. Februar aus dem Lazarett in Lemberg: »Ich bin am Abend des 22.1.1943 weggeflogen. Dies war der letzte Tag, an dem Flugzeuge im Kessel noch landen konnten. Ich bin in diesen schlimmen Tagen so oft auf wundersame Weise bewahrt worden, dass ich dies nicht nur als glückliche Zufälle ansehen kann.«

Viele Jahre später schildert Hartnagel seinem Sohn Thomas die dramatischen Szenen, die sich auf dem Flugplatz abgespielt hatten. »Drei He 111 seien gelandet und sofort von noch gehfähigen Verletzten gestürmt worden.« Er selbst sei von anderen nach vorne geschoben worden, bis er in einem der Bomberflugzeuge einen Stehplatz gefunden hätte. Die Startvorbereitungen seien hektisch gewesen, da »zahllose Soldaten versuchten, an Bord zu gelangen«, und sich an die Fahrgestelle der startbereiten

Flugzeuge klammerten. »Die Flugzeugbesatzung stieß diese Menschen durch den offenen Bombenschacht mit Gewehrkolben zurück, um überhaupt starten zu können.« Auch hier galt das Gesetz des Stärkeren: Schwerverwundete und solche, die nicht laufen können, hatten keine Chance, Stalingrad zu verlassen. Von einer göttlichen Fügung, die Hartnagel andeutet, kann also nicht die Rede sein. Allein seiner relativ guten körperlichen Verfassung verdankte er seine Rettung.

»Leider können wir vorläufig nicht ins Reich abtransportiert werden, da die Verwundeten aus Stalingrad nicht nach Deutschland dürfen! Man fürchtet wohl, dass durch die Erzählungen dieser Soldaten die Bevölkerung noch mehr in Aufregung gebracht würde, einen anderen Grund kann ich mir nicht denken.« Die Vermutung von Hartnagel ist richtig; so werden in den letzten Monaten auch die Feldpostbriefe der Eingeschlossenen von der Postprüfungsstelle des Heeres abgefangen, um zu verhindern, dass Informationen über die wirkliche Lage der 6. Armee in die Heimat dringen.

Im Bett liegend und langsam genesend, schreibt Fritz Hartnagel jetzt fast täglich einen Brief an Sophie. Obwohl er nichts sehnlicher wünscht als ihre Nähe, gibt er sich keinen Illusionen hin: »Oh, Sophie, mir ist es so klar, wie ich zu Dir kommen muss. Vielleicht haben auch die Stalingrader Tage noch dazu beigetragen mich zu läutern. Ich warte mit Ungeduld bis wir wieder beisammen sind. Ich glaube wir werden uns schnell finden, obwohl es bis jetzt die längste Trennung war«. Keiner dieser Briefe, die die gemeinsame Zukunft heraufbeschwören, wird Sophie noch erreichen.

Erst Ende Februar oder Anfang März erhält Fritz Hartnagel einen Brief aus Ulm, den Magdalena Scholl, über die Hinrichtung ihrer Kinder noch nicht informiert, am 23. Februar 1943 geschrieben hat. In ihm berichtet die Mutter von der Verhaftung ihrer Kinder und bittet Fritz, in Berlin beim Reichsanwalt am Volksgerichtshof ein Gnadengesuch einzureichen. Von einem verständigen Arzt unterstützt, verlässt Hartnagel umgehend das Lazarett.

In Berlin erfährt er durch ein Telefonat mit Werner Scholl, der als Einziger der Familie nicht inhaftiert wurde, dass die Vollstreckung der Todesurteile bereits erfolgt ist. Unter Schock fährt Fritz Hartnagel weiter nach Ulm. Der Familie Scholl fühlt er sich nun noch mehr verbunden. Er besucht sie im Gefängnis, unterstützt sie finanziell und reicht ein Gnadengesuch für Robert Scholl ein, der im Mai 1943 wegen Hörens ausländischer Sender zu achtzehn Monaten Gefängnis verurteilt worden ist. Trotz erheblichen Drucks von der Ulmer Kreisleitung der NSDAP zeigt er sich mit der Familie Scholl nach deren Entlassung aus dem Gefängnis in der Öffentlichkeit. Ihr Schicksal bewegt ihn so stark, dass er ernsthaft überlegt, sich in den Mannschaftsstand versetzen zu lassen. Doch Robert Scholl rät ihm ab, in der berechtigten Sorge, durch dieses Begehren weitere Sanktionen auf sich zu ziehen.

Im Oktober 1945 heiratet Fritz Hartnagel Elisabeth Scholl. Das Vermächtnis der *Weißen Rose* und besonders das seiner ermordeten Freundin Sophie wird er immer beherzigen. Nach dem Krieg beginnt er ein Jura-Studium, arbeitet dann am Amtsgericht Ulm, später als

Vorsitzender Richter am Landgericht Stuttgart. Von Anfang an stellt er sich gegen die Wiederbewaffnung der Bundesrepublik Deutschland. Mit all seiner Kraft setzt er sich für die Erhaltung des Friedens ein.

Ob Sophie Scholl Fritz Hartnagel geheiratet hätte, wie sie es in ihren letzten Briefen und im Verhör gegenüber Robert Mohr angedeutet hat? Fritz Hartnagel ist sich nach dem Krieg fast sicher, dass die starke junge Frau ihren Weg ohne ihn weitergegangen wäre.

## 4
### DIESE LIEBE, DIE SO UMSONST IST, IST FÜR MICH ETWAS WUNDERBARES

### *Die Familie*

Am 16. Februar 1943, zwei Tage vor ihrer Verhaftung, teilt Sophie ihrem Freund Fritz mit: »Ich hatte es Dir ja, glaube ich, schon geschrieben, dass ich 10 Tage daheim war, um dort zu helfen. Diese Tage, obwohl ich nicht viel zu meiner eigenen Beschäftigung komme, tun mir immer wohl, und wenn es nur deshalb wäre, weil mein Vater sich so freut, wenn ich komme, und sich wundert, wenn ich wieder gehe, und weil Mutter um so 1000 Kleinigkeiten besorgt ist. Diese Liebe, die so umsonst ist, ist für mich etwas Wunderbares. Ich empfinde sie als etwas vom Schönsten, was mir beschieden ist.«

Die Tage Anfang Februar, in denen Sophie für ihre Familie den Haushalt besorgt, weil ihre Mutter und ihre älteste Schwester krank sind, werden die letzten im Familienkreis sein. Sophie verdankt es ihrer außergewöhnlichen Fähigkeit zur Konzentration auf das Gegebene, sich auch in dieser für sie schweren Zeit zu Hause so wohl zu fühlen wie ein geliebtes Kind. Das gefährliche Leben als Widerstandskämpferin in München lässt sie weit hinter sich. Freudig nimmt sie noch an der Taufe des Säuglings teil, dessen ledige Mutter die Scholls seit

Monaten in ihrer Wohnung beherbergen. Sie beginnt sogar damit, den Kopf ihrer Schwester Elisabeth in Ton zu modellieren. Als sie bemerkt, dass sie nicht fertig werden wird, sagt sie zu ihrer Mutter: »Ich mache es dann am nächsten Samstag-Sonntag«.

Zurück in München hat sie nur eines vor Augen: die Herstellung und Verteilung des ›sechsten Flugblatts‹. Sophie verwaltet nicht nur das Geld der *Weißen Rose*, fährt nicht nur in der ganzen Stadt umher und sucht der Reihe nach Papierwarenläden und Postämter auf, um Briefumschläge und 8-Pfennig-Marken in kleinsten Mengen zu kaufen, sondern legt währenddessen in den verschiedenen Stadtteilen einen Teil der Flugblätter aus, manchmal in Telefonzellen, wenn es sich ergibt, in offen stehende Autos oder in Hauseingänge. Alles, was sie tut, muss unauffällig geschehen, jede ihrer Handlungen kontrolliert sein. Das erfordert höchste Geistesgegenwart: Erschöpft und im Zustand innerer Leere kommt Sophie von ihren Stadtrundgängen in die Zwei-Zimmer-Wohnung zurück, die sie mit ihrem Bruder Hans in der Franz-Joseph-Straße 13 bewohnt. Trotz zunehmender Anspannung, »meine Gedanken springen hierhin und dahin, ohne dass ich richtig über sie gebieten könnte«, geht Sophie Tag für Tag ihrer Arbeit nach. Ein Zwiespalt aber belastet sie bis zu ihrer Festnahme: der Wunsch, Deutschland möge den Krieg verlieren, Fritz Hartnagel jedoch unbeschadet zu ihr zurückkehren, damit »wir bald zusammen irgendwo [neu] anfangen« können.

Die Dichterin Ricarda Huch hat diesen Zwiespalt, unter dem nicht nur Hans und Sophie Scholl litten, treffend in Worte gefasst: »Der Krieg war für alle Deutschen, die

Hitler und den Nationalsozialismus verabscheuten, ein tragisches Erlebnis. Sie mussten als Soldaten für eine Sache fechten, die sie hassten, gegen Völker, die sie nicht hassten, die sie vielleicht hochachteten, gegen Menschen, die sie als Brüder betrachteten, sie mussten ihre Söhne in den unnatürlichen Kampf hinausschicken, wo sie Zuschauer bestialischer Gräuel wurden. Überzeugt, dass sie sich aus eigener Kraft nicht würden befreien können, mussten sie den Sieg der Feinde, die Niederlage des eigenen Volks wünschen, die vielleicht den Untergang Deutschlands bedeuten würde.«

Diese Spannung hat Sophie Scholl erst in den letzten Tagen ihres Lebens für sich gelöst, als sie vor Gericht ihren Anklägern entgegenschleudert: »Bald werden Sie hier stehen, wo ich jetzt stehe.« In den drei Verhören durch Robert Mohr ist sie mehr und mehr über sich hinausgewachsen – trotz Angst und Müdigkeit. Das konnte die Einundzwanzigjährige nur, weil sie den Rückhalt durch ihre Familie spürte, in welcher Lage sie sich auch befand. Auch wenn ihre Eltern von ihren Aktivitäten nichts wissen, so ist sich die Tochter doch sicher, von ihnen verstanden zu werden. Die in der Kindheit und Jugend genossene Wertschätzung durch Mutter und Vater ist für Sophie zeitlebens die Kraftquelle, aus der sie schöpfen kann. Mit dem Rüstzeug der Liebe und Anerkennung steht sie den Kampf gegen Robert Mohr und den Rechtsbeuger Roland Freisler bis zum Letzten durch.

Mitten im Krieg, am 21. November 1941, schreibt Magdalena Scholl, die von allen Lina genannt wird, ihrem Mann Robert zum fünfundzwanzigjährigen

Ehejubiläum: »Wir haben uns ja genügend kennengelernt in unseren Vorzügen und Schwachheiten, sodass es keine Frage ist, ob wir weiterhin miteinander wandern in Freud und Leid, vielleicht auch, was vorauszusehen ist, durch schwere Tage. Doch was von außen kommt, zerbricht die Liebe und die Treue nicht, bindet sie eher noch fester. Und dann haben wir die Kinder, die zur Zeit je länger, je fester werden in ihrem Glauben an den wahren Gott und in ihrer Lebens- und Weltanschauung«. Sie schließt den Brief: »Denn das schönste Wort, das es für Eltern gibt, ist doch dies: Herr, hier sind wir und die Kinder, wir haben der keines verloren, die Du uns gegeben hast.«

Umsicht und Gottvertrauen, Klugheit und Unabhängigkeit im Urteil: das sind die herausragenden Eigenschaften von Sophies Mutter Lina Scholl. Mit diesen Tugenden lenkt die ehemalige Diakonissin das Geschick der Familie. Schon ihre Mutter, Sophie Müller, Namensgeberin und Großmutter der jüngsten Tochter, ist mit diesen Eigenschaften eines freien liebenden Herzens und eines unerschütterlichen Glaubens gesegnet. Als Lina eine Anstellung im Kinderkrankenhaus der Diakonissinnen von Hall annimmt, schickt sie ihren Eltern eine Fotografie von sich. Die Mutter antwortet umgehend: »Ach, liebe Lina! Dein Bild freut uns so sehr, ich kann mich nicht sattsehen! Du bist uns so nahe, auch in weiter Ferne. Wie siehst du uns doch so freundlich an. Alle Lieben sind im Bild versammelt auf dem Tischchen – das ist mein Sonntagsvergnügen.«

Ein so ungetrübtes, liebevolles Verhältnis der älteren Generation zur jüngeren ist etwas Besonderes. Weiter schreibt die alte Frau: »Deine Liebe ist mir so viel wert, und ich habe sie auch so nötig, das gibt mir immer wieder Kraft«. Wie Sophie Müller die Liebe an ihre Tochter Lina weitergibt, so gibt Lina sie an ihre fünf Kinder weiter, besonders an ihre Jüngste. Ein sechstes Kind, Thilde, verstirbt im ersten Jahr, auch das kann Lina hinnehmen. Drei Frauen, aus drei aufeinanderfolgenden Generationen, erleben das, was die jüngste, Sophie, »diese Liebe, die so umsonst ist« nennt und »als etwas vom Schönsten« empfindet.

Auch Sophies Vater, Robert Scholl, der am 23. November 1916 die um zehn Jahre ältere Lina Müller heiratet, hat einen unabhängigen Geist und eine große Liebesfähigkeit. Politisch ist er klarsichtig, Krieg verabscheut er, Bildung und Weiterbildung gehören nicht nur zu seiner Biografie, sondern er wünscht sie auch für seine drei Töchter und verhilft ihnen mit Nachdruck zu einer höheren Schulbildung. Als Sohn eines Kleinbauern mit zehn Geschwistern musste er seinen Aufstieg zum Bürgermeister in Forchtenberg und später zum Wirtschaftsprüfer in Ulm hart erkämpfen.

Im Februar 1916 berichtet er seiner zukünftigen Frau über »Kinderbeihilfen«, die es nun geben soll, da »Kinder von Staats wegen erwünscht« seien. Er selbst ist entschieden dagegen, dass sich der Staat in dieser Weise in das intime Verhältnis von Frau und Mann einmischt. »Nun, wir wollen keine Kinder jemand zu Liebe, auch nicht aus Patriotismus. Sie sollen nur der Ausdruck unserer Liebe zueinander sein. Verzeih, wenn ich in der Mehrzahl spreche, denn Du kennst ja meinen Standpunkt. Aber ich freue mich sehr auf unser gemeinsames Geschöpf, das kannst Du Dir denken und auch das ist ein Ziel, dem wir zustreben und das uns enger noch miteinander verbindet.«

Robert Scholl wird in den Jahren, in denen sich seine Kinder mehr und mehr den Ideologien der Nationalsozialisten verschreiben, noch stärker leiden als seine Frau Lina. Für ihn, den Kriegsgegner und Demokraten, sind die privaten Räume der Wohnung und des eigenen Büros ein Ort, an dem kein Staat etwas zu suchen hat. Eine Ansicht, die nicht viele in der Diktatur teilen. Das muss der Familienvater schmerzhaft erfahren, als seine Büroangestellte ihn im Jahr 1942 denunziert. Vor ihr lässt er sich hinreißen, Hitler »eine Geißel Gottes« zu nennen. Nach kurzem Prozess wird er zu vier Monaten Gefängnis verurteilt und ein Berufsverbot über ihn verhängt.

Das Liebespaar Lina und Robert erlebt im Hinblick auf den Ersten Weltkrieg ganz ähnliche Konflikte wie das Geschwisterpaar Sophie und Hans im Zweiten Weltkrieg; und die politische und ethische Haltung der Kinder wird sich im Laufe der Zeit der der Eltern annähern.

»Immer muss ich wieder daran denken, wie schön wir leben könnten, wenn wir jetzt beisammen und Friede im Land wäre«, schreibt Robert an Lina. »Unter dieser Stimmung und Sehnsucht bin ich oft bedrückt und da bin ich am liebsten allein. Die militärische Welt ist doch manchmal recht unschön. Wie froh bin ich da, dass ich Dich habe, die Du so viel anders bist, als die meisten Menschen.«

Wie stark erinnert dieser Brief an die, die zwischen Sophie und Fritz Hartnagel hin und her gegangen sind. Das »Anderssein« ist hier in dieser Familie stets die Voraussetzung, nicht, um sich abzusondern, sondern um zueinander zu finden. Auch der Ort, an dem sich die Eltern von Sophie Scholl zum ersten Mal begegnen und dann ineinander verlieben, ist besonders: das Ludwigsburger Lazarett. Zum einen finden hier der Vierundzwanzigjährige und die Vierunddreißigjährige ihren Abscheu vor dem Krieg bestätigt, zum anderen erkennen sie einander als zuverlässig, hilfsbereit und ausdauernd. Lina, vom Staat als eine von fünfundsechzig Diakonissinnen angefordert, versorgt die frisch operierten Soldaten. Robert, der sich 1914 nicht begeistert in die Schar der Freiwilligen eingereiht hat, um in den Krieg zu ziehen, wird als »nur garnisonsverwendungsfähig« eingestuft und zum Sanitätsdienst in das Reservelazarett abkommandiert.

Aber der junge Mann leidet nicht unter seinem Außenseitertum – im Gegenteil: Er schätzt es, nicht zur ›Masse‹ zu gehören, denn von seinem ungewöhnlichen Standort aus kann er das politische Geschehen besser beobachten. Zu Beginn des Jahre 1917 fragt Robert Scholl seine Ehefrau: »Hast Du die Rede Wilsons gelesen? Das ist mir politisches Evangelium. Ich bekenne mich zu seiner Anschauung Punkt für Punkt, denn mit meiner Gesinnung ist man im Krieg doch ziemlich einsam, immer wieder muss man sich prüfen, ob man denn nicht einem dummen, unmöglichen Ideal anhängt.«

Einer der wenigen Politiker, der 1917 noch einen Verständigungsfrieden für möglich hält, ist der amerikanische Präsident Woodrow Wilson; am 22. Januar 1917 wirbt er vor dem US-Senat für einen »Frieden ohne Sieg«. Statt seine Idee aufzugreifen, beginnt Deutschland am 1. Februar 1917 den uneingeschränkten U-Boot-Krieg. Am 6. April erklärt daraufhin der amerikanische

Kongress Deutschland den Krieg. Für Robert Scholl ist damit die deutsche Niederlage besiegelt. Und die begrüßt er aus ähnlichen Gründen wie Hans und Sophie viele Jahre später das Scheitern der 6. Armee in Stalingrad. Robert Scholl ahnt, wie sich ein Sieg Deutschlands auf die Politik auswirken würde: »Der nationalistische Gedanke und das Großmachtideal« würden »noch viel mächtiger als bisher und neue Kriege müssten ausgefochten werden.«

Die Kinder werden später die ablehnende Haltung ihrer Eltern gegenüber dem Nationalsozialismus als vorbildlich ansehen, sodass sie in ihrer eigenen Selbstfindung und Loslösung von Hitlers Ideologie bestärkt werden. Was ihnen außerdem noch zugute kommt, ist der Respekt, den die Eheleute sich wechselseitig bezeugen: Die unerschütterlich glaubende Mutter gegenüber dem »Sucher« Robert, wie er sich selbst nennt. Lina Scholl scheint es zu genügen, dass ihr Mann, der seit seiner Jugend keine Kirche mehr betreten hat, zumindest ihre christliche Haltung teilt. Unbezweifelbar ist für sie, dass sie ihren Mann »über alles Irdische« liebt. »Gott muss uns freilich über alles gehen und darf nicht vergessen werden, sonst fehlt auch der höchsten, irdischen Liebe der Adel.« Dem sonntäglichen Kirchgang bleibt Robert Scholl fern; der Stadtpfarrer, der Inge und Hans konfirmiert, ist aber ein gern gesehener Gast in seinem Haus.

Ricarda Huch hat ein kleines einfühlsames Porträt der Familie Scholl verfasst. Über die Eltern schreibt sie: »Die Mutter war heiter, voll unerschöpflicher Liebe, sie verbreitete Wärme und Wohlsein, der Vater war ernst, zurückhaltend und konnte streng sein. Gab die Mutter das

Gefühl der Geborgenheit, so war der Vater Stütze und Gerüst«. Weiter schreibt sie: »Die Scholl'schen Geschwister hatten Schulfreundschaften, aber da sie sich liebten und vertrugen, bedurften sie des Verkehrs mit anderen Kindern nicht. Auch die Eltern hatten wenig Umgang mit anderen Familien: Der Vater hielt sich von der üblichen Geselligkeit fern, da seine politischen und sozialen Ansichten damals nur von wenigen geteilt wurden«. Ricarda Huch betont, dass die Familie zwar »eine glückliche Welt für sich« bildet, aber »ohne absichtliche Absonderung und ohne Enge«.

Ein lebendiges Miteinander bestimmt den Alltag der Familie Scholl, in der jeder für den anderen da ist, sich auf ihn bezieht. Es gilt: Toleranz gegenüber den sich bildenden Ansichten der Jugendlichen, Freiheit und wohlwollendes Beobachten ihrer Entwicklung. Lina und Robert Scholl gehören zu den fortschrittlichen Eltern, die ihren fünf Kindern eine höhere Bildung zukommen lassen, sie ohne Drill erziehen, immer das Gespräch suchen. Gerade für sie ist es schmerzlich zu sehen, wie ihre Kinder durch geschickte Propaganda, die ihnen einen »fröhlichen Gemeinschaftsgeist« vorgaukelt, in die Hitlerjugend hineinwachsen. Die Entfremdung der Kinder von den Eltern ist vom Staat gewünscht, sogar, dass Kinder ihre eigenen Eltern denunzieren. Krieg gegen ›minderrassige Völker‹ zu führen, ist die eine Seite, die andere, die Gesellschaft zu spalten in ergebene Anhänger und Verräter. Es vergehen kummervolle Jahre für Lina und Robert Scholl, bis die Heranwachsenden nach und nach den wahren Charakter der menschenverachtenden Erziehung erkennen, die sie zu einer »blinden, stupiden Führergefolgschaft« heranbilden will.

Am 30. Januar 1933 schreibt die älteste Tochter Inge in ihr Tagebuch: »Jetzt ist Hitler ans Ruder gekommen. Ich glaube, dass sich im ganzen Volk eine furchtbare Spannung gelöst hat. Ich weiß nicht, ob das wahr ist, aber ich habe so ein Gefühl.« Die Fünfzehnjährige irrt sich nicht, und bald wird sich ihr zurückhaltendes Beobachten in Begeisterung verwandeln. »Gestern wurde der neue Reichstag gegründet. Schulfrei natürlich!!! Große Parade und Feldgottesdienst auf dem Münsterplatz und große Putzerei zu Hause. Abends Fackelzug, beinahe eine halbe Stunde.«

Der Name Hitler wird von nun an auf jeder Seite ihres Tagebuchs stehen, das sie von ihren Eltern zum fünfzehnten Geburtstag geschenkt bekommen hat. Die Aufzeichnungen sind ein interessantes Dokument, das zeigt, wie Inge und nach ihr alle jüngeren Geschwister in der Hitlerjugend aufgehen, obwohl die Eltern sich dagegenstemmen. Ja, wie Inge, Hans und Sophie zwischen 1933 und 1938 alle Stationen beim BDM und in der HJ durchlaufen.

Sobald die Kinder die elterliche Wohnung verlassen, werden sie an jedem Ort programmatisch zu begeisterten Hitler-Anhängern erzogen. Ob die Lehrer in der Schule, der Stadtpfarrer Oehler, der »sehr für Hitler« eintritt, oder der Arzt, der öffentlich jüdische Bürger diffamiert und bedroht: Alle werben sie für Adolf Hitler und seine Politik. Inge begrüßt auch, dass Hitler »jetzt die einzelnen Jugendverbände auflöst« und die Hitlerjugend »ein Heim nach dem anderen« erstürmt. Ihrem Tagebuch vertraut sie das Bekenntnis an: »Jedes deutsche Mädchen, das Nazi sein will, ist Hitler schuldig, dass es sich äußerlich und innerlich rein hält. Das sind wir alle Hitler schuldig.«

Am 15. Mai 1933 schreibt sie sogar: »Mit Leib und Seele gehöre ich Hitler. Natürlich nach Gott.« Das ist kein Widerspruch für das junge Mädchen. Erklärt doch die Mehrheit der protestantischen Pfarrer im Frühjahr 1931: »Für die evangelische Kirche wäre es ein schwerer Fehler, wenn sie an der nationalsozialistischen Bewegung vorbeigehen wollte, ihr neutral, kühl, unbeteiligt, ablehnend gegenüberstehen oder sie gar von Kirchen wegen bekämpfen würde. Es sind viele Fäden, die sich zwischen dem, was der Nationalsozialismus will und dem, was die Kirche will, hin und her spinnen.« Und zum Neujahr 1934 spricht das Gemeindeblatt der evangelischen Kirche in Ulm vom »gottgeschenkten Führer«, der das »Steuerruder des gefährdeten Schiffes noch im letzten Augenblick herumgerissen« habe. »Es ist wie ein Wunder vor unseren Augen.«

Immer wieder gibt es Eintragungen von Inge, die das Drama zwischen den Eltern und den Kindern beschreibt. »Hans hat eine feine Radierung von Hitler. Sie hängt im Kinderzimmer. Vater hat sie am Anfang jeden Tag, wenn er vom Geschäft heimkam, weggehängt und in eine Schublade getan. Hans hat sie aber jedes Mal wieder an ihren Platz getan, bis Vater schließlich nachgegeben hat.« Knapp sind die Vermerke vom 6. Mai 1933, als Hans das erste Mal zur Versammlung der Hitlerjugend geht und Inge am 20. Juli endlich erreicht hat, dass die Mutter ihr »jetzt die Erlaubnis zum BDM gegeben hat«.

Mit diesem Schritt der ältesten Kinder sind die Debatten in der Familie nicht beendet. Inge leidet darunter, dass ihre Mutter, wenn von Hitler die Rede ist, »ganz geringschätzig die Schultern« zuckt. »Und das tut mir weh. Ich war nachher so betäubt. Ich hatte einfach keine Freude mehr am Leben.« Auch zwischen Vater und Sohn gibt es »heftige Auseinandersetzungen über die Hitler-Jugend. Natürlich kam es wieder zu Tränen. Das ist einfach Hans' wunder Punkt. Da lässt er sich einfach nichts gefallen. Das gefällt mir. Ich saß am Klavier und spielte so fest, so laut als möglich: ›Das Vaterland muss aus dem Leid genesen, weil Du uns führst ... Ein Adolf Hitler wird die Wege bahnen.‹«

Die in der Familie laut und unter Tränen ausgetragenen Diskussionen erleben die drei jüngeren Geschwister mit. Wie werden sie sich entscheiden? Im November 1933 reiht sich der elfjährige Werner in die HJ ein, die dreizehnjährige Elisabeth in den BDM. Robert Scholl, der vor Besuchern die Nazis »als eine Rotte von Verbrechern« bezeichnet, und Lina, die an ihrem Glauben an den wahren Gott festhält, scheinen im Jahr 1933 in den entscheidenden Fragen ihre Autorität für ihre Kinder verloren zu haben.

Aber auch wenn sich ihre Jüngste, Sophie, genau so wie die beiden Ältesten begeistert in die Hitlerjugend eingereiht hat, scheinen die Eltern mit ihr nicht in derselben Weise gestritten und unter ihrer Entscheidung gelitten zu haben. Waren sie es am Ende nur müde? Oder gab es ein unzerstörbares Vertrauen zu Sophie? Inge Scholl hat an ihrer jüngeren Schwester besonders bewundert, dass sie »stolz wie eine Königin« war. Sie meinte damit Sophies innere Haltung, die ihr ganz eigene Unabhängigkeit. Ebenso waren sich Robert und Lina immer sicher, dass

Sophie letzten Endes nicht beeinflussbar war von falschen Werten. Denn ihre »unantastbaren Freuden« waren verbunden mit einer unantastbaren Individualität, die sich gegen jede Diktatur behauptet. Hinzu kam Sophies Liebe zur Familie, die sich an ihrer Liebe zu den Festen im Familienkreis zeigte. Das Band zwischen ihr und ihren Eltern hat sie jeden Tag neu geknüpft, es ist bis zuletzt nicht gerissen.

## 5

SIE WAR WIE EIN FEURIGER, WILDER JUNGE

*Körper und Identität*

»Ich selbst trat im Januar 1934, damals 13-jährig in die Jungmädelschaft der HJ ein und gehörte der HJ bzw. dem BDM bis 1941 an. Etwa im Jahr 1935 wurde ich Jungmädelschaftführerin, 1936 Scharführerin und 1937/38 Gruppenführerin«. Das hat Sophie Scholl, laut dem Protokoll von Robert Mohr am 18. Februar, 1943 ausgesagt.

Es gibt eine größere Anzahl von Schwarz-Weiß-Fotos aus den Jahren der aktiven Teilnahme Sophies an den nationalsozialistisch geprägten Mädchengruppen. Unter ihnen sind einige Schnappschüsse, aber auch Aufnahmen, die einen künstlerisch begabten Fotografen vermuten lassen. Für alle Fotos ist charakteristisch, dass sie viel über Sophies Körperbild aussagen. Ob vorpubertär – beim Eintritt in die HJ ist sie erst zwölf – oder mitten in der schwierigen Umbruchphase zum Erwachsenwerden: immer scheint es, als sei Sophie mit sich und ihrem Körper im Reinen. Das, was sie gerade tut – auf einen Baum klettern, einen Baumstamm umfassen, die Kocher durchschwimmen –, tut sie voller Leidenschaft. Auch die Fotos, die sie in Ruhe zeigen, lesend, malend oder auf einer Wiese in hohem Gras liegend, machen den Eindruck, als würde sie jeden Moment genießen: »Wenn ich meinen Kopf wende, berührt er den rauen Stamm eines Apfelbaums neben mir. Wie beschützend er seine guten Äste über mir ausbreitet! Spüre ich nicht, wie unaufhörlich Säfte aus seinen Wurzeln steigen, um auch das kleinste Blättchen sorgend zu erhalten? Höre ich vielleicht einen geheimen Pulsschlag? Ich drücke mein Gesicht an seine dunkle, warme Rinde und denke: Heimat, und bin so unsäglich dankbar in diesem Augenblick.«

Sophie Scholl dient das Schreiben, mit dem sie schon als Kind beginnt, nicht nur der Selbstbefragung und -vergewisserung, sondern auch dem Ausdruck ihrer Hochachtung vor dem Leben, der Bejahung des Daseins. Die schriftlichen Liebeserklärungen der Achtzehnjährigen haben keinen Adressaten, weder Mutter, Schwester noch Freundin – sie sind ein leiser Dank an den Schöpfer, an den sie fest glaubt: »So wenig ich einen klaren Bach sehen kann, ohne nicht mindestens die Füße hineinzuhängen, genauso wenig kann ich an einer Wiese zur Maienzeit vorübergehen. Es gibt nichts Verlockenderes als solchen duftenden Grund, über dem die Blüten der Wiesenkerbel wie ein lichter Schaum schweben, daraus Obstbäume ihre blütenbesteckten Zweige recken, als wollten sie sich erretten aus diesem Meer der Seligkeit.«

Sophie Scholls Beziehung zur Natur verweigert sich allen Einflüssen, die sie umgeben. Nicht die Eltern, nicht die Kirche, nicht der Staat haben ihr mehr zu sagen als die Natur. Dieses Verhältnis ist bei allen Brüchen und Zweifeln, die Kirche, Politik und Gesellschaft hervorrufen, ausschließlich. Der Wille der Nationalsozialisten, sich über den Menschen hinaus auch noch der Natur zu bemächtigen, den letzten freien Raum zwischen Zivilisation und Wildnis zu beherrschen, macht Sophie zu einer Widerständigen, bevor sie noch an politischen Widerstand denkt. Ihre Naturbeschreibungen sind ohne Verherrlichung, ohne Besitzanspruch, sie bestehen aus Freude und Respekt. »Sie waren nicht Gäste der Natur, sondern ihre Kinder, auf das Innigste mit ihr verbunden«, charakterisiert Ricarda Huch die Scholl-Geschwister.

Im Sommer 1940, der älteste Bruder Hans nimmt am Frankreichfeldzug teil, schreibt Sophie ihm: »Heute Mittag waren Inge und ich mit dem Rad weg, wir wollten in den Illerwald. Dann gefiel uns das Radfahren so gut, es ging ein bisschen Wind. Wir kamen uns vor wie höhere Beamte des lieben Gottes, die ausgeschickt waren, um zu prüfen, ob die Erde noch gut sei: Und wir fanden sie sehr gut!«

Diese kleine Arche-Noah-Geschichte, die Sophie sich in ihrer bewegten Fantasie ausgedacht hat, spielt mit dem Motiv Taube, die von Noah ausgeschickt wird, um nach der Sintflut zu prüfen, ob sich »die Wasser« verlaufen »hatten auf Erden«. In ihrer Geschichte ist sie selbst die Taube, die losfliegt, um in einem vom Krieg verwüsteten Land ein verschontes Stück Erde zu finden, auf dem die Menschen in Frieden leben können. Im Gegensatz zu dem Kampf um mehr ›Lebensraum‹, in den ihre Brüder Hans und Werner gegen ihren Willen gezwungen werden, sehnt sie sich nach der göttlichen Ordnung in der Natur.

»Ist es nicht auch Rätsels genug, und wenn man den Grund dafür nicht weiß, beinahe furchterregend, dass alles so schön ist? Trotz des Schrecklichen, das geschieht.

In meine bloße Freude an allem Schönen hat sich etwas großes Unbekanntes gedrängt«, schreibt Sophie am 10. Oktober 1942 ihrer Freundin Lisa, »eine Ahnung nämlich von seinem Schöpfer, den die unschuldigen erschaffenen Kreaturen mit ihrer Schönheit preisen. – Deshalb eigentlich kann nur der Mensch hässlich sein, weil er den freien Willen hat, sich von diesem Lobgesang abzusondern. Und jetzt könnte man oftmals meinen, er brächte es fertig, diesen Gesang zu überbrüllen mit Kanonendonner und Flüchen und Lästern.«

Sophie Scholl ist erfüllt vom Dasein, wenn es nur nicht langweilig zugeht wie in der Schule. Am liebsten ist sie in Bewegung und erprobt sich selbst: »Im Traum bin ich meistens auf Fahrt«. Ihre drängende Unruhe und Abenteuerlust wird durch die vielfältigen Aktivitäten in der Hitlerjugend befriedigt, die sich als erste Jugendorganisation auch dem weiblichen Geschlecht öffnet. Die Worte, die Sophie an Hitlers Geburtstag am 20. April 1934 auf der Gänsewiese nahe dem Ulmer Stadion gelobt, werden ihr leicht über die Lippen gekommen sein.

»Jungmädel wollen wir sein, klare Augen wollen wir haben, und tätige Hände, stark und stolz wollen wir werden, zu gerade, um Streber oder Duckmäuser zu sein, zu aufrichtig, um etwas scheinen zu wollen, zu gläubig, um zu zagen und zu zweifeln, zu ehrlich, um zu schmeicheln, zu trotzig, um feige zu sein.«

Der Reichs-Jugend-Pressedienst schreibt im Dezember 1934 über den BDM: »Der Mädelbund in seiner heutigen Form ist etwas Einmaliges – einmalig in seinem Anspruch auf Totalität und erstmalig in seiner Breiten-Ausdehnung«. 1939 gehören über 12 Millionen Frauen mindestens einem der zahlreichen NS-Verbände an, die entweder aus Gruppen bestehen, die gleichgeschaltet oder neu gegründet worden sind. Jüdinnen sind nicht zugelassen; Jüdinnen, die vor 1933 Mitglieder geworden waren, werden nun im Jahr der ›Machtergreifung‹ Hitlers ausgeschlossen.

Aber ein Widerspruch tut sich auf zwischen dem Frauenbild, das Hitler propagiert, von der Frau als Mutter und Hüterin einer ›erbgesunden‹ Familie, und dem des BDM-Handbuchs, das vorwiegend männliche Tugenden aufzählt, wie Sportlichkeit, Stärke und Stolz. Statt der früheren »Nadelarbeit« wird nun die »Werkarbeit« in den Vordergrund gestellt: Die moderne Frau soll mit Hammer und Säge umgehen können. Während Hitler für den Typus der schwer arbeitenden Landfrau wirbt, die sich durch Selbstlosigkeit und Opferbereitschaft gegenüber der Familie und dem Staat auszeichnet, hat der BDM eher den der androgynen jungen Frau vor Augen, der ein gewisser Narzissmus zugestanden wird.

Es gibt im Dritten Reich eine ganze Facette von sich entwickelnden Frauenbildern, die sich im Laufe der Jahre den jeweiligen politischen Notwendigkeiten anpassen. So müssen Frauen, wie Goebbels es in seiner Sportpalastrede ankündigt, in den letzten beiden Jahren des Zweiten Weltkriegs Männerarbeit übernehmen, von der sie vorher ausgeschlossen waren. Bevor das Deutsche Reich die erste Niederlage hinnehmen muss, gilt offiziell allerdings, »dass kein Geschlecht sich bemüht, das zu tun, was dem anderen zukommt«.

Weder werden Frauen in die ›Führung der Partei‹ noch in deren ›leitenden Ausschuss‹ aufgenommen, sie werden nicht mehr zu Justizberufen zugelassen, ab 1934 dürfen Ärztinnen keine neuen Praxen mehr eröffnen, der Frauenanteil an den Universitäten darf zehn Prozent nicht überschreiten.

»Welche Tragik«, schreibt Josef Rompel in *Die Frau im Lebensraume des Mannes: Emanzipation und Staatswohl*, »wäre es, wenn das deutsche Volk, das männlichste Volk der Welt, das Volk der Dichter und Denker, der Pionier des kulturellen und technischen Fortschritts mit seiner mehr als tausendjährigen Kultur dem Feminismus anheim fiele und durch diese Volksentartung zugrunde ginge!« Sogar gemäßigte emanzipatorische Bestrebungen in den bürgerlichen und proletarischen Frauenbewegungen werden von der Partei abgelehnt. Dazu erklärt Hitler: »Das Wort von der Frauenemanzipation ist ein nur vom jüdischen Intellekt erfundenes Wort. Wir empfinden es nicht als richtig, wenn das Weib in die Welt des Mannes eindringt, sondern wir empfinden es als natürlich, wenn diese beiden Welten geschieden bleiben.«

Die BDM-Führerinnen, die in der Mehrheit aus bildungsbürgerlichen Familien stammen, sind sich im Klaren darüber, dass sie die ihnen anvertrauten Mädchen, die jüngsten unter ihnen sind zehn Jahre, nicht mit dem Mutterkult gewinnen können, wie er vom NS-Regime propagiert wird. Viele der Führerinnen wünschen für sich selbst eine höhere Schulbildung und später sogar ein Studium, also Unabhängigkeit und einen Beruf. Das Geschlechterbild Hitlers, das er auf einer Tagung der NS-Frauenschaft während des 2. Reichsparteitages 1934 in Nürnberg zeichnet, wird manchen von ihnen fremd gewesen sein. »Was der Mann an Opfern bringt im Ringen seines Volkes, bringt die Frau an Opfern im Ringen um die Erhaltung dieses Volkes in den einzelnen Zellen. Was der Mann einsetzt an Heldenmut auf dem Schlachtfeld, setzt die Frau ein in ewig geduldiger Hingabe, in ewig geduldigem Leid und Ertragen. Jedes Kind, das sie zur Welt bringt, ist eine Schlacht, die sie besteht für das Sein oder Nichtsein ihres Volkes.«

Ein Einsehen soll auch die Jugend haben, dass der Zweck, den ein Junge zu erfüllen hat, ein anderer ist als der eines Mädchens. »Deutscher Knabe! Vergiss nicht, dass du ein Deutscher bist! Mädchen, gedenke, dass du eine deutsche Mutter werden sollst!« Gleichwohl wird bei jungen Mädchen, die das Regime für weniger wert hält als ihr männliches Pendant, jungenhaftes Verhalten toleriert, solange es sich nur im spielerischen Wetteifern übt. Und Sophie ist eindeutig mehr von dem androgynen Typus angezogen, das zeigt sie durch Haarschnitt und Kleidung bereits mit zwölf.

Susanne Hirzel hat 1946 ein kleines Porträt von ihrer damaligen Freundin verfasst: »Wir lernten uns mit 14 Jahren 1935 im Jungmädelbund kennen. Sie war wie ein feuriger wilder Junge, trug die dunkelbraunen glatten Haare im Herrenschnitt und hatte mit Vorliebe eine blaue Freischarbluse oder eine Winterbluse ihres Bruders an. Sie war keck, mit heller klarer Stimme, kühn in unseren wilden Spielen und von einer göttlichen Schlamperei.« Diese kurze Beschreibung schafft ein treffendes Bild – zeigt abermals, wie viel Freiheit Lina und Robert Scholl ihrer Tochter ließen.

Hingerissen ist Sophie von der jungen, selbstbewussten Charlotte Thurau, die von allen Charlo genannt wird.

Die siebzehnjährige Jungmädelführerin weiß, wie sie die Mädchenschar begeistern kann: durch waghalsige Geländespiele, Sport, Lagerfeuer, Literaturvortrag, Treueeide, Heimatabende, an denen auch die Meinung der Mädchen gilt. Charlotte Thurau ist sportlich, stets braungebrannt, ihr Gesichtsausdruck verwegen, ihre Haare vom Wind zerzaust, und die BDM-Tracht betont ihre schlanke Erscheinung. Sie ist Sophies Vorbild.

Charlotte Thurau entspricht dem Typus von Frau, den die prominenteste Regisseurin des Dritten Reichs, Leni Riefenstahl, in ihren Filmen stark gemacht hat. Riefenstahls Inszenierungen sind Meisterwerke faschistischer Ästhetik. Ihr Schönheitsideal der Frau als Sportlerin begeistert nicht nur Hitler und Goebbels. Gefragt ist diese Frau aber nur als Siegerin im Olympiastadion und als Diva auf der Leinwand, im Wochenbett und hinter dem Herd, auf dem Feld und in der Fabrik sollen andere Frauen stehen. Die durch den Film *Der blaue Engel* 1930 schlagartig berühmt gewordene Marlene Dietrich ist der Gegentypus, der von Hitler und Goebbels abgelehnt wird.

Sophie pflegt ihr Image als »wilder Junge«; sie kokettiert, »die Brävste bin ich nicht!« Die »göttliche Schlamperei«, von der Susanne Hirzel spricht, bezieht sich allerdings nicht auf Sophies Erscheinung. Sauber und gepflegt zu sein, löst schon in Kindertagen ein Lustgefühl aus. Sich im eigenen Körper wohl zu fühlen, mit ihm eins zu sein, ist ihr in allen Phasen des Heranwachsens wichtig. Vom »Bad am Samstagabend«, auf das sie sich »die ganze Woche über freute«, schreibt sie in einem Schulaufsatz als Achtzehnjährige. »Meine älteste Schwester durfte schon am Freitag baden, damit nicht all unser Dreck zusammenkam. Wir vier kleinen wurden dann, zwei und zwei, in die Badewanne gesteckt und unserem Schicksal überlassen. Denn unsere Mutter hatte uns die überaus wichtige Aufgabe gestellt, uns selbst zu waschen.« Zum zwölften Geburtstag bekommt Sophie neben Mundharmonika und Süßigkeiten »eine Seife«, einen »hübschen Waschlappen« und »einen Kamm«.

Den verhassten halbjährigen Arbeitsdienst, den Sophie am 6. April 1941 in Krauchenwies bei Sigmaringen beginnt, erleichtert sie sich dadurch, dass sie sich den Bestimmungen nicht unterwirft. Sie lässt sich Bücher schicken und liest, was verboten ist. Intensiv beschäftigt sie die Lektüre des Augustinus, die sie darin bestärkt, sich einer ständigen Gewissensprüfung zu unterziehen. Auch eine Bibel hält sie versteckt. Sie besucht heimlich eine nahe gelegene Kirche und spielt Orgel, sie spricht mit französischen Zwangsarbeitern, macht lange Spaziergänge und raucht. Ihrem Bruder Hans vertraut sie an: »Und meine Oberen so recht zu hintergehen, meine Freiheit heimlich zu genießen, bereitet mir tiefes Vergnügen.«

Für ihr Körpergefühl aber ist es unerlässlich, dass sie ihrem »abendlichen Duschen noch ein morgendliches« hinzufügt. Ihre Schwester Inge deutet in ihrem Buch *Die Weiße Rose* Sophies Verhalten als Abwehrreaktion gegen die Unterdrückung, gegen geistige Enteignung und Entpersönlichung, die im Lager herrschen. »So hielt sie sich ganz im Hintergrund und versuchte den Eindruck zu erwecken, als sei sie nicht da. Mochten die anderen Mädchen von ihr denken, was sie wollten. Was Heimweh und Verlassenheit war, hatte sie damals erfahren. Aber zwei

Dinge hatte sie sich bewahrt von daheim, von der anderen Welt, und an denen hielt sie fest. Sie waren wie Pfähle in diesem Meer von Fremdheit und Widersinn. Das eine war das Bedürfnis – vielleicht war es ein Schutz gegen eine unappetitliche Umgebung –, ihren Körper in besonderem Maße zu pflegen.«

Sophie Scholl fühlt sich in ihrem Körper wohl, dieses Gefühl trägt sie mit in die Natur, mit der sie sich lustvoll verschwestert. Aus der Bejahung ihres Körper erwächst ihr auch der liebende Blick einer Künstlerin, die sich die Freiheit nimmt, sich an jedem Ort künstlerisch zu versuchen. Noch ein Kind, und im halben Spiel, dann immer ernsthafter, erprobt sie – ohne Zutun der Erwachsenen – ihre Begabungen. Allein sein ist für sie wichtig, ihr Auge zu schulen, ohne Anweisung anderer, ihr Gehör und ihre Hände. Zu Haus spielt sie Klavier, erfasst mit dem Stift die Gesichtszüge ihrer Geschwister und modelliert sie in Ton. Beim Arbeitsdienst spielt sie heimlich Orgel – sie liebt Bach –, im halbjährigen Kriegshilfsdienst in Blumberg bei Donaueschingen zeichnet sie die Kinder des Heimes, die ihr besonders ans Herz gewachsen sind. Wenn sie in die Natur geht, nimmt sie Stift und Kreiden mit; mit feinen Strichen, die eine große Sicherheit erkennen lassen, zeichnet sie vor allem Kinder, Jugendliche und ihre Freunde.

»Ein Gefühl der Berufung oder so etwas ähnliches hab ich nicht. Aber wenn man Künstler werden will, muss man wohl vor allen Dingen zuerst Mensch werden. Durch das Tiefste empor. Ich will versuchen, an mir zu arbeiten. Es ist sehr schwer.«

»Malen und zeichnen – das gehörte schon von Kindheit

an zu unseren Hauptbeschäftigungen. Von uns Kindern besaß Sophie die größte Begabung auf diesem Gebiet«, erinnert sich Inge Scholl. Als Sophie nach München zum Studium geht, wählt sie als Fächer Biologie und Philosophie. Die Familie ist verwundert; dazu erklärt sie knapp: »Kunst kann man doch nicht lernen!«

Sophie illustriert die beiden Märchen *Die Kinderhexe* und *Die Zaubergeige*, die Inge erfunden hat, später für einen Freund *Peter Pan*, für einen anderen *Der Nachmittag* von Georg Heym. Auf Reisen sind Museumsbesuche wichtig, in dem Künstlerdorf Worpswede, unweit von Bremen, beeindrucken sie besonders die Frauen. Zusammen mit Inge macht sie 1938 die Bekanntschaft der Bildhauerin Clara Rilke-Westhoff und der Kunsthandwerkerin Martha Vogeler; sie sieht zum ersten Mal Bilder von Paula Modersohn-Becker. Von ihr ist Sophie »hell begeistert«. »Sie hat für eine Frau ungeheuer selbstständig gearbeitet, sich in ihren Bildern nach niemand gerichtet. Du musst alles sehen. Nach ihren Bildern glitten alle anderen in der Ausstellung nur so an mir vorbei.«

Die Wahl der Motive von Modersohn-Becker, ihr ›Weiblicher Blick‹, den sie wie selbstverständlich auf die Welt wirft, sprechen Sophie an. Sie selbst zeichnet Säuglinge, Kleinkinder, Menschen in Tätigkeit – keine großartigen Bilder in den Augen anderer. Neben dem Zeichenunterricht in der Schule hat Sophie in der *Ulmer Schule*, die seit 1919 Handwerkern eine künstlerische Zusatzausbildung anbietet, einen Abendkurs in Aktmalerei belegt. Sie klagt: »Wir malen jetzt hier immer männliche Akte, obwohl ich viel lieber weibliche malen würde.« Der Maler, der sie dazu anhalte, habe gesagt, die Männer seien beim Aktmalen das »Brot« und die Frauen der »Kuchen«. Sophie bekennt ihrer Freundin Lisa: »Ich möchte aber viel lieber Kuchen!«

Sophie ist darüber erstaunt, in Bremen ein Paula Modersohn-Becker-Museum zu finden, das weltweit als erstes das Werk einer Malerin ausstellt. Dass Paula Modersohn-Beckers Bilder ab 1933 von den Nationalsozialisten zur ›entarteten Kunst‹ gezählt und aus den Museen entfernt, einige sogar ins Ausland verkauft werden, lässt sie unbeeindruckt. Von solchen Herabsetzungen hat sich die Familie Scholl niemals beeinflussen lassen. Als über den Ulmer Künstler Wilhelm Geyer, der Kirchenfenster gestaltet, ein Berufsverbot verhängt wird, schließen sich Scholls umso enger an ihn an.

Im August und September 1942 wird Sophie gezwungen, Kriegshilfsdienst in einem Ulmer Rüstungsbetrieb zu leisten. In diesen acht Wochen, in denen ihr das Lesen, Malen, Schwimmen und Wandern unmöglich gemacht ist, leidet sie sehr. »Das ist eine schrecklich seelen- und leblose Beschäftigung, den ganzen Tag an der Maschine die ewig gleiche Bewegung zu machen, die nichts von einem verlangt außer Konzentration, aber ein dressierter Affe, wenn er so dumm wäre und sich dazu bewegen ließe, könnte dies auch. Körperlich müde und seelisch angeödet kehrt man abends heim. Der Anblick der vielen Menschen vor den vielen Maschinen ist ein trauriger, und erinnert an den von Sklaven.« Die Kritik der Zwanzigjährigen an der Fabrikarbeit, die den Menschen versklavt, ist der ähnlich, die auch die französische Existenzphilosophin Simone Weil 1935 in ihrem *Fabriktagebuch* geäußert hat.

In der Schraubenfabrik beobachtet Sophie Scholl den Umgang der Vorarbeiter mit russischen Zwangsarbeitern. »Neben mir arbeitet eine Russin, ein Kind in ihrem arglosen rührenden Vertrauen selbst den deutschen Vorarbeitern gegenüber, deren Fäusteschütteln und brutalem Geschrei sie nur ein nicht verstehendes, beinah fröhliches Lachen entgegensetzt. Wahrscheinlich muten sie diese Menschen komisch an, und sie hält ihre Drohungen für Spaß. Ich freue mich, dass sie neben mir arbeitet, und versuche, das Bild, das sie von den Deutschen erhalten könnte, ein bisschen zu korrigieren. Aber auch viele der deutschen Arbeiterinnen erweisen sich freundlich und hilfreich, erstaunt darüber, auch in den Russen Menschen vorzufinden.«

Zu denen freundlich und hilfsbereit zu sein, die der Staat zu ›Untermenschen‹ erklärt hat, ist für alle Scholl-Kinder schon wegen ihrer religiösen Bindung selbstverständlich. Aber es kommt noch das Interesse hinzu, in dem ›Anderen‹, dem ›Fremden‹, das Neue, Bereichernde zu sehen; einen Menschen, der etwas Wertvolles mitbringt aus seinem Kulturkreis. Die Reise- und Leselust der Familie Scholl ist von diesem Gedanken beseelt. In der Oberstufe fordert Sophie eine Mitschülerin auf: »Du musst die russischen Schriftsteller lesen, Tolstoi, Dostojewski, Gogol«. Auch französische Autoren wie Charles Baudelaire und Paul Verlaine gehören zu ihren Favoriten.

Durch den gemeinsamen Freund Alexander Schmorell, der 1917 in Russland geboren und nach den frühen Tod seiner Mutter von einem russischen Kindermädchen in München aufgezogen worden ist, entwickeln Sophie und Hans für das russische Volk eine besondere Sympathie.

Schmorells Liebe zu seiner mütterlichen Heimat überträgt sich wie von selbst auf die Münchner Freunde.

Hinter der Front, wo die angehenden Mediziner die Erstversorgung der Verwundeten übernehmen, fungiert Schmorell als Dolmetscher. Er, der fließend Russisch spricht, unterhält freundschaftliche Beziehungen zur russischen Bevölkerung. Auch Willi Graf und Hans Scholl prägen durch die Erlebnisse, die sie in Briefen ihren Familien schildern, ein anderes Russlandbild als das der Nazis. Hans Scholl schreibt am 2. September 1942 nach Hause: »Ich kenne einen alten ergrauten Fischer, diesen habe ich zum Freund. Oft sitzen wir vom frühen Morgen bis zum Sonnenuntergang am Ufer eines Flusses und fischen wie Petrus zu Christi Zeiten. Außerdem habe ich hier im Lager mit Kriegsgefangenen und einigen russischen Mädchen einen Chor zusammengestellt. Neulich haben wir die halbe Nacht durchtanzt, dass uns am nächsten Tag die Knochen schmerzten.«

Die Sprache des ›Feindes‹ zu sprechen, seine Dichter zu schätzen, seine Lebensverhältnisse zu kennen, führt unweigerlich zur Annäherung, manchmal auch zur Verbrüderung: »Wir gehen abends zu den Russen und trinken Schnaps mit ihnen und singen«. Heimlich begraben sie die Überreste gefallener Russen, damit ihre Seelen Ruhe finden können.

In tiefem Einverständnis mit der Familie zu sein, auch wenn sich politische Wege scheinbar trennen, im Einklang mit der Schöpfung zu sein und um die Liebe Gottes zu ringen, diese drei Grundsätze bestimmen Sophies Lebensgefühl. An ihrem einundzwanzigsten Geburtstag, dem 9. Mai 1942, bricht Sophie nach München zum Studium auf. Am Vorabend bügelt die Mutter noch all ihre Blusen; das ist Linas Art, Sophie ihre Liebe zu zeigen. Inge Scholl erinnert sich: »Ich sehe sie noch vor mir, meine Schwester, wie sie am nächsten Morgen dastand, reisefertig und voll Erwartung. Eine gelbe Margerite aus Mutters Garten steckte an ihrer Schläfe, und es sah schön aus, wie ihr so die dunkelbraunen Haare glatt und glänzend auf die Schultern fielen. Aus ihren großen dunklen Augen sah sie sich die Welt an, prüfend und mit einer lebhaften Teilnahme.«

Das Foto von Sophie mit gelber Margerite auf der Brust ist um die Welt gegangen und prägt bis heute das äußere Bild der Widerstandskämpferin: ihr fragender angespannter Blick, zwei tiefe Furchen quer über der hohen Stirn, die langen Haare; nichts scheint mehr von dem »wilden Jungen« übrig geblieben zu sein. Ihre Kleidung wirkt weiblicher, der schlanke Körper scheint schwerer, als sei er beschwert durch Gedanken.

In Sophie ist langsam, fast unbemerkt von den Eltern, eine Verwandlung vonstattengegangen: Von dem sportlichen, draufgängerischen Mädchen, das begeistert an den Aktivitäten der HJ teilgenommen hat, zu der besorgt blickenden Frau, die politische Verantwortung übernimmt. Ihr Körperbild hat sich mit den Zweifeln, die immer stärker in ihr aufkommen, verändert. Als müsse sie mit ihrer Erscheinung allen offenbaren: Ich bin eine andere geworden.

Waren die Angebote der Nazis für die Körperidentität eines jungen Mädchens wie Sophie vielleicht verlockend, so hat ihr die Rolle der erwachsenen Frau, wie Hitler sie

vorschreibt, nichts mehr zu bieten. Wenn sie über die Bedingungen einer Künstlerexistenz sagt, man müsse »wohl vor allen Dingen zuerst Mensch werden. Durch das Tiefste empor«, so gilt die Aussage auch für ihre ethische und politische Entwicklung, bis sie bereit ist zum Widerstand.

Deutliche Zeichen dafür hat es schon früh in Sophies Leben gegeben. Da gab es die jüdische Klassenkameradin Luise Nathan, die dem BDM nicht beitreten durfte. Das widersprach Sophies Gerechtigkeitssinn: »Warum darf Luise, die blonde Haare und blaue Augen hat, nicht Mitglied sein, während ich mit meinen dunklen Haaren und dunklen Augen BDM-Mitglied bin?« Ihr leuchtet das Parteiprogramm der NSDAP nicht ein, wonach nur der Staatsbürger sein kann, der »Volksgenosse ist. Volksgenosse kann nur sein, wer deutschen Blutes ist. Kein Jude kann daher Volksgenosse sein.«

Bei einem Treffen der Gauleiterin aus Stuttgart mit der Leiterin aus dem Untergau in Ulm schockiert Sophie sogar ihre Schwester Inge. Als die Lektüre für die ›Heimabende‹ ausgewählt werden soll, schlägt Sophie mit Vehemenz den jüdischen Dichter Heinrich Heine vor. Die älteren Mädchen reagieren entsetzt und lehnen den Wunsch ab. Sophie bleibt nur, leise zu sagen, wer Heinrich Heine nicht gelesen habe, kenne die deutsche Literatur nicht.

Obwohl Sophie das Lernen leicht fällt, geht sie im Laufe der Jahre immer weniger gern zur Schule. Der Unterricht spricht ihre Sinne nicht an, befriedigt ihre künstlerische Natur nicht und vor allem engt er sie ideologisch ein. Mit achtzehn hofft sie auf das Ende der Schulzeit: »O wie bin ich froh, wenn ich fertig mit ihr bin. Es kommt mir vor, als müsse ich dort durch ein kleines viereckiges Fenster mit braunen Scheiben sehen.«

Die »braunen Scheiben« sind wie eine getönte Brille, die das Dritte Reich seinem Volk verordnet hat, damit es durch sie nur das sieht, was die Diktatur wünscht. Sophie hingegen will schon als Schülerin auf alles eine freie Sicht haben – das verlangt ihr Gefühl –, und ihr Geist verlangt, sich eine eigene Meinung bilden zu können.

An erster Stelle empört sie der Krieg. Am 9. April 1940, als die Nordland-Invasion mit der Besetzung Dänemarks beginnt, schreibt Sophie an Fritz: »Manchmal graut mir vor dem Krieg, und alle Hoffnung will mir vergehen. Ich mag gar nicht daran denken, aber es gibt ja bald nichts anderes mehr als Politik, und solange sie so verworren ist und böse, ist es feige, sich von ihr abzuwenden. Wahrscheinlich lächelst Du und denkst, sie ist ein Mädchen«. Aber »man hat uns eben politisch erzogen.« Mit »man« meint sie ihren Vater, ihr Elternhaus und dann die Verhältnisse in einer Diktatur, die sie regelrecht dazu zwingen, politisch zu denken.

Für die Freundin Susanne Hirzel, die in Stuttgart Musik studiert, ist die Verwandlung Sophies bei einem letzten Besuch unübersehbar. »Andeutungen von Flugblattaktionen« habe sie gemacht, Susanne gebeten, an Zusammenkünften in München teilzunehmen. Während die beiden durch die Stadt gehen, um Hans zu treffen, der Eugen Grimminger aufgesucht hat, um Geld für die *Weiße Rose* zu erbitten, bleibt Sophie plötzlich stehen. Sie sagt: »Wenn hier Hitler mir entgegenkäme und ich eine Pistole hätte, würde ich ihn erschießen. Wenn es die Männer nicht machen, muss es eben eine Frau tun.«

Ohne es zu wissen, hat Sophie Scholl hier den Satz wiederholt, den ihr Vater 1937 im Beisein seiner ältesten Tochter Inge über Hitler und seine Helfer geäußert hat, nachdem seine Kinder wegen ›bündischer Umtriebe‹ von der Gestapo verhaftet worden sind: »Wenn die meinen Kindern etwas antun, gehe ich nach Berlin und knalle ihn nieder!« Inge erinnert sich: »Einen solchen Satz vergisst man nicht, weil er das Gefühl gibt: Du stehst auf Granit. Du hast jemanden hinter dir. Das ist wichtig in solchen Zeiten.«

Umgekehrt weiß Robert Scholl nichts von der Bekundung seiner Jüngsten in Stuttgart. Aber am Ende weiß er es doch, weiß es ganz genau: Sie ist ganz und gar *sein* Kind, Kind der Familie Scholl.

# 6

## DER GOTTGESCHENKTE FÜHRER

### *Das verherrlichte Regime*

Im Herbst 1931 stellt der evangelische Pfarrer Martin Niemöller in der Rundfunksendung *Ruf nach dem Führer* die rhetorische Frage: »Wo ist der Führer? Wann wird er kommen? Unser Suchen und unser Wollen, unser Rufen und unser Sehnen bringen ihn nicht herbei. Wenn er kommt, kommt er als Geschenk, als Gabe Gottes.« Niemöller spricht hier nicht nur für sich, er drückt die Sehnsucht vieler Menschen in Deutschland aus.

Hitler, ein einsamer, karger Mensch, der seine ganze Energie auf die Politik richtet, kennt die Sehnsucht des »deutschen Volkes« und weiß sie sich zunutze zu machen. Schon vor seiner ›Machtergreifung‹, als er am 25. September 1930 als Zeuge vor das Reichsgericht in Leipzig geladen wird, besteht er darauf, auf die Bibel zu schwören, um sich vor dem Gericht und vor der Presse als gesetzestreuen und gottgläubigen Menschen zu inszenieren. »Ich stehe hier unter dem Eid vor Gott dem Allmächtigen. Ich sage Ihnen, dass, wenn ich legal zur Macht gekommen sein werde, dann will ich in legaler Regierung Staatsgerichte einsetzen, die die Verantwortlichen an dem Unglück unseres Volkes gesetzmäßig aburteilen sollen. Dann werden möglicherweise legal einige Köpfe rollen.«

Die Sehnsucht nach »dem starken Mann«, der Deutschland nach dem verlorenen Ersten Weltkrieg wieder zu »Ehren« bringt und Ordnung schafft, ist in fast allen gesellschaftlichen Gruppen zu finden. Schon Mitte der Zwanzigerjahre wird an den Lagerfeuern der Bündischen Jugend und der Wandervogel-Bewegung, die ihr Selbstbewusstsein aus ihrer Unabhängigkeit von Staat und Kirche beziehen, gesungen: »Wir heben unsre Hände / Aus tiefer bittrer Not, / Herrgott, den Führer sende, / Der unsern Kummer wende / Mit mächtigem Gebot.«

Zwei Tage nach seiner Ernennung zum Reichskanzler durch den Reichspräsidenten Paul von Hindenburg verkündet Hitler am 1. Februar 1933 im Rundfunk die Grundsätze seiner neuen Regierung. Er beschwört die Einheit des Volkes, die Familie als Keimzelle des Staates und spricht von Ehre, Tradition und Kultur. Er versichert allen Deutschen, die sich durch die Sanktionen der Siegermächte gedemütigt fühlen, ihren Stolz wieder herzustellen. Am Ende bittet er: »Möge der allmächtige Gott unsere Arbeit in seine Gnade nehmen, unseren Willen recht gestalten, unsere Einsicht segnen und uns mit dem Vertrauen unseres Volkes beglücken. Denn wir wollen nicht kämpfen für uns, sondern für Deutschland.«

Am 10. Februar 1933, während seiner Rede im Berliner Sportpalast, will er seine Zuhörer sogar glauben machen, er sei das Werkzeug Gottes im Kampf gegen den gottlosen Marxismus, den Kommunismus und Sozialismus. »Die Parteien dieser Klassenspaltung aber mögen überzeugt sein, solange der Allmächtige mich am Leben lässt, wird mein Entschluss und mein Wille, sie zu vernichten, ein unbändiger sein. Niemals, niemals werde ich mich von der Aufgabe entfernen, den Marxismus und seine Begleiterscheinungen aus Deutschland auszurotten.«

Mit großem Pomp wird am 21. März 1933 in Berlin der neue Reichstag eröffnet; die Öffentlichkeit ist von diesem Spektakel wie gebannt. Joseph Goebbels, der erst wenige Tage zuvor zum Reichspropagandaminister ernannt worden ist, führt Regie und überlässt nichts dem Zufall. Die ganze Nation soll an dem Festakt teilnehmen, deutschlandweit gibt es Live-Übertragungen des Rundfunks. Gleichzeitig beginnt Hitler seinen Entschluss in die Tat umzusetzen: Alle seine Feinde sollen von nun an das Fürchten lernen. Einen Tag später, am 22. März 1933, wird das erste Konzentrationslager in Deutschland in Betrieb genommen. An diesem Tag erreichen die ersten Gefangenentransporte das Dachauer Lager, das auf dem Areal einer stillgelegten Pulver- und Munitionsfabrik eingerichtet wurde.

Obwohl die *Münchner Neusten Nachrichten* die Presseerklärung Heinrich Himmlers drucken, in der er den Verwendungszweck des Lagers nennt, scheint die Öffentlichkeit davon kaum Notiz zu nehmen. »Am Mittwoch wird in der Nähe von Dachau das erste Konzentrationslager errichtet. Es hat ein Fassungsvermögen von 5.000 Menschen. Hier werden die gesamten kommunistischen und – soweit notwendig – Reichsbanner- und sozialdemokratischen Funktionäre, die die Sicherheit des Staates gefährden, zusammengezogen.«

Hitler ist getaufter Christ, er ist in einer streng katholischen Familie groß geworden, bis zu seinem Ende verlässt er die katholische Kirche nicht. Er kennt sich aus, nicht nur, was katholisches Brauchtum angeht, sondern auch in der inneren Struktur der Kirchenhierarchie. Das macht er sich zunutze. Auch er inszeniert ›seine Feste‹ mit großer Wirkungskraft, auch er betont durch die Kleiderordnung feine Unterschiede in der Hierarchie. Die Raffinesse, mit der die katholische Kirche über Jahrhunderte Zugehörigkeit und Rangordnungen geschaffen hat, setzt er intuitiv für seine Sache ein. Er weiß auch, welche Bekenntnisse er vor der Öffentlichkeit ablegen muss, um ein verlässliches Bild von sich als Politiker zu zeichnen, für den das Christentum Basis allen Handelns ist. Rhetorisch geschickt flicht er in viele seiner Reden religiöses Vokabular: Er spricht vom »Herrgott«, vom »Allmächtigen«, von »Schicksal« und von »Vorsehung«. Wenn er Entscheidungen fällt, die offensichtlich gegen die Menschlichkeit verstoßen, gibt er an, im »göttlichen Auftrag« zu handeln.

Hatte der Vertreter des Mainzer Erzbischofs 1930 noch kategorisch verneint, dass ein Katholik, der Mitglied in der Partei ist, die Sakramente empfangen darf, wird diese Haltung von der katholischen Kirche nach der Reichstagswahl am 5. März 1933 radikal aufgegeben. Die Annäherung von Kirche und Staat wird wechselseitig gewünscht und ist erfolgreich. Schon am 20. Juli 1933 schließen der Heilige Stuhl und das Deutsche Reich einen Vertrag, der als ›Reichskonkordat‹ in die Geschichte eingeht und die gegenseitigen Rechte und Pflichten regelt. Mit diesem scheinbar moderaten Schritt erobert Hitler für sich und seine Partei einen weiteren gesellschaftlichen Raum, den er zu nutzen weiß. Ohne sein Zutun werden Kirchenschiffe von nun an mit Hakenkreuzfahnen beflaggt, Konfirmanden im ›Braunhemd‹ eingesegnet,

Männer vor dem Altar in Uniform getraut. Umgekehrt verlangt die Kirche nicht, dass christliche Symbole bei Aufmärschen, nationalsozialistischen Festen und Zusammenkünften gezeigt werden. Weder Christusfiguren noch Madonnen oder Kreuze schmücken Straßen, Fassaden oder Innenräume zum Zeichen der Verbundenheit der Partei mit dem Christentum. Die Machtverhältnisse stehen von Anfang an fest.

In den ersten Jahren nach Hitlers Ernennung zum Reichskanzler nehmen Geistliche sogar Einladungen zur Eröffnung von Konzentrationslagern an. Im Juli 1936 kommt der katholische Bischof von Osnabrück, Wilhelm Berning, der Einladung des Kommandeurs und SS-Standartenführer Schäfer nach, den *Emslandlagern* einen Besuch abzustatten. Die *Kölnische Volkszeitung* berichtet am 4. Juli 1936, der Bischof habe den von ihm zu einem Glas Bier eingeladenen Wachmännern sein Wohlgefallen über »die im Emsland durch das Dritte Reich geleistete Kulturarbeit« ausgedrückt.

In späteren Jahren sitzen die Widerständigen unter den Geistlichen selbst in verschiedenen Konzentrationslagern ein. Ende 1940 werden alle von ihnen, die noch leben, in das Konzentrationslager Dachau gebracht. Sie sind dort in mehreren Holzbaracken, die ›Pfarrerblock‹ oder ›Priesterblock‹ genannt werden, zusammengepfercht. Die Inhaftierten gehören verschiedenen Konfessionen an, diejenigen, die aus Österreich und Polen kommen, sind größtenteils katholisch. Den anderen Häftlingen ist der Zutritt zu dem Bereich der Gottesmänner untersagt, man will religiöse Einflüsse unterbinden.

Im Deutschen Reich geht die Bewunderung und das

Hofieren des Führers durch die evangelische und die katholische Kirche weiter. Nach dem Anschluss Österreichs schreibt der *Kirchliche Anzeiger*: »Der österreichische Bruderstamm hat heimgefunden zum Reich. Sichtbar hat der allmächtige Gott das Werk des Führers gesegnet.« Gleich nach der Niederwerfung Polens heißt es im *Kirchlichen Amtsblatt der Freien Stadt Danzig*: »Der von Gott unserem Volke gesandte Führer Adolf Hitler hat uns von den Fesseln des Versailler Diktats befreit und mit dem starken Arm der von ihm geschmiedeten Wehrmacht aus den drohenden Gefahren der polnischen Gewalttaten erlöst.« Selbst kurz vor dem Ende des Krieges bekräftigt die Evangelische Kirche Thüringens: »Adolf Hitler ist für unsere lutherische Frömmigkeit wahrhaft der Führer von Gottes Gnaden. Sein Auftrag ist unmittelbar von Gott und sein Befehl ist Gottes Befehl!«

Wie sieht Hitler sich selbst? Hält er sich für einen Erlöser, für Gott? Dafür gibt es keine Belege, wohl aber dafür, dass er glaubt, im Sinne des Schöpfers zu handeln. Derart rechtfertigt er das größte Menschheitsverbrechen, die Verfolgung und »Ausrottung« der Juden: »So glaube ich heute im Sinne des allmächtigen Schöpfers zu handeln: Indem ich mich des Juden erwehre, kämpfe ich für das Werk des Herrn.«

Hitler glaubt tatsächlich an einen Schöpfer, denkt sich ihn aber wie einen allmächtigen Gewaltherrscher. Er geht noch einen Schritt weiter: Er ist davon überzeugt, den Willen Gottes zu kennen und ihn auszuführen. Er nimmt für sich in Anspruch, »letztgültige Instanz nicht nur der Weltgestaltung, sondern auch der Weltdeutung zu sein«, erklärt dazu der Historiker Wolfgang Dierker. Damit entfernt sich Hitler von der Grundhaltung eines Christen und stellt sich auf *eine* Stufe mit Gott.

Von Anfang seiner politischen Karriere an befindet sich Hitler in einer Art Konkurrenzverhältnis zu Gott. Sein absoluter Wille zur Macht bei gleichzeitigem Größenwahn lässt nichts anderes zu. Als er, nach demütigenden Anfängen im politischen Geschäft, der Mann wird, der das deutsche Volk aus den Wirren und der Handlungsunfähigkeit der Weimarer Republik herausführt, hält er sich für den »Retter«, den »Führer«. Als es ihm dazu gelingt, die Massen regelrecht zu hypnotisieren, sechs Millionen Arbeitslose wieder in Lohn und Brot zu bringen, Deutschlands Wiederbewaffnung durchzusetzen und als Kriegsherr auf leichte, schnelle Art einen Sieg nach dem anderen zu erringen, ist er sich sicher, allmächtig zu sein. Bestätigt wird er von dem Teil der Bevölkerung, der in eine regelrechte Führergläubigkeit verfällt.

Hitler ist überzeugt, dass mit dem Eintreten seiner Person in die Weltpolitik eine neue Zeit beginnt. Er ist überzeugt, dass Deutschlands Schicksal von seinem persönlichen Schicksal abhängt. Er ist überzeugt, dass nur er allein Deutschland regieren kann. Eine Verfassung benötigt er nicht, er schafft sie ab. Geordnete, zuverlässige Verhältnisse im Staatswesen kann er weder herstellen noch ertragen. Als sich das Schicksal Ende 1942 gegen ihn als siegreichen Kriegsführer zu wenden beginnt, noch deutlicher Anfang 1943, beginnt er unmerklich, dem deutschen Volk zu misstrauen. Als hochrangige Militärs die Kapitulation der 6. Armee vor Stalingrad als den »Anfang vom Ende« ansehen und sein Volk kriegsmüde wird, beginnt Hitler, für alle sichtbar, gegen einen Teil der eigenen Bevölkerung Krieg zu führen.

Seine »Mordlust«, wie Sebastian Haffner sie nennt, richtet sich jetzt nicht nur gegen die Juden, die Polen und die Russen, sondern auch gegen die Widerstandskämpfer im eigenen Land. Am Ende, als alle Schlachten verloren sind, ist »das deutsche Volk« in seinen Augen nicht mehr würdig, zu existieren. Schon am 27. November 1941, als zum ersten Mal die Möglichkeit eines Scheiterns zutage tritt, sagt er: »Wenn das deutsche Volk einmal nicht mehr stark und opferbereit genug ist, sein Blut für seine Existenz einzusetzen, so soll es vergehen und von einer anderen, stärkeren Macht vernichtet werden. Ich werde dem deutschen Volk keine Träne nachweinen.«

Im Angesicht der Niederlage Anfang 1945 ist Hitler nach einer längeren Lethargie noch einmal von größter Entschlossenheit; er befiehlt, alles, was auf deutschem Boden steht und einen Wert hat, zu zerstören. Wollte er zu Anfang seiner Karriere das ›Tausendjährige Reich‹ schaffen, will er jetzt »den totalen Ruin Deutschlands«. Am Ende hat Hitler nicht nur den Ländern ungeheuer geschadet, gegen die er Krieg geführt hat, sondern auch den Deutschen. Als das ›Volk‹ nicht mehr an ihn glaubt, will er es vernichten, als wäre er ein grausamer Gott.

»Wenn der Krieg verloren geht, wird auch das Volk verloren sein«, erklärt Hitler Mitte März 1945 dem Reichsminister für Bewaffnung und Munition Albert Speer. »Es ist nicht notwendig, auf die Grundlagen, die das deutsche Volk zu seinem primitivsten Weiterleben braucht, Rücksicht zu nehmen. Im Gegenteil ist es besser, diese Dinge selbst zu zerstören. Denn das Volk hat sich als das schwächere erwiesen, und dem stärkeren Ostvolk gehört ausschließlich die Zukunft. Was nach diesem Kampf übrig bleibt, sind ohnehin nur die Minderwertigen, denn die Guten sind gefallen.«

Zwei Dinge fallen auf bei dieser letzten Bilanz: der Hass Hitlers auf das deutsche Volk, als es nicht mehr siegreich ist, und die radikale Abkehr von seinem früheren Wertesystem. Als spräche hier ein anderer Mensch, erinnert nichts mehr an den Hitler, der als großer Propagandist um die Deutschen geworben hat, nichts mehr an den, der »die Verantwortlichen an dem Unglück unseres Volkes gesetzmäßig aburteilen wollte«. Nun will und muss Hitler nicht mehr manipulieren, denn die seiner Ansicht nach »Guten«, für die sich solche Reden gelohnt hätten, sind nicht mehr da. Sie sind gefallen. Ohne sie ist das deutsche Volk nicht mehr *sein* Volk. Hitlers Fanatismus macht ihn immun gegen die Erkenntnis, dass er selbst es war, der sie in den todbringenden Krieg geschickt hat.

Die Kluft zwischen der Vorstellung von Hitler als einem »Gottesgeschenk« und der Gottlosigkeit, mit der die von ihm instruierte Justiz Regimegegner behandelt, wird in den letzten zwei Jahren des Dritten Reiches immer tiefer. Das zeigt sich auch im zweiten Prozess gegen die Mitglieder der *Weißen Rose*. Waren die drei Angeschuldigten beim ersten Prozess innerhalb von vier Tagen abgeurteilt und hingerichtet, so lässt sich die Justiz beim zweiten viel Zeit. Zum einen liegt den Gestapo-Beamten daran, die Namen weiterer möglicher Verbündeter zu erfahren, zum anderen sollen sie die Gefangenen quälen. Das ist ihr Auftrag. Denn in Hitlers Wertesystem stehen Widerstandskämpfer noch unter den gemeinsten Verbrechern. Ihr Verbrechen ist das schlimmste: sie glauben nicht an ihn. Die Tage, Wochen und Monate im Strafgefängnis sind für die Gefangenen keine geschenkte Lebenszeit, sondern eine reine Leidenszeit. Falk Harnack, Mitangeklagter und Überlebender, ist Augen- und Ohrenzeuge dieser Tage; er stellt Inge Scholl später seinen Bericht für ihr Buch zur Verfügung.

Falk Harnack ist der jüngste Bruder des Widerstandskämpfers Arvid Harnack. Er beteiligt sich als Student schon im Mai 1934 an einer Flugblattaktion gegen den NS-Studentenbund an der Universität München. 1942 besuchen ihn Hans Scholl und Alexander Schmorell in Chemnitz, wo er als Soldat stationiert ist. Die führenden Köpfe der *Weißen Rose* wollen Kontakt zu anderen Widerstandsgruppen knüpfen. So macht Falk Harnack die beiden jungen Männer mit seinem älteren Bruder Arvid Harnack und seiner Frau Mildred bekannt. Sie sprechen sofort »sehr offen«, weil sie wissen, wen sie vor sich haben. Es wird über Form und Inhalt zukünftiger Flugblätter diskutiert, man einigt sich, von den philosophischen Überlegungen zu klaren politischen Aussagen überzugehen.

Das Ehepaar Harnack, das der Widerstandsgruppe *Rote Kapelle* angehört, wird am 7. September 1942 verhaftet. Arvid wird am 22. Dezember 1942 in Berlin-Plötzensee durch den Strang hingerichtet, seine Frau zu sechs Jahren Zuchthaus verurteilt, in einem zweiten Verfahren am 16. Februar 1943 aber zum Tode verurteilt, der am selben Tag durch die Guillotine vollstreckt wird.

Falk Harnack ist tief erschüttert über den Verlust seines

Bruders, den er geliebt und hoch geschätzt hat. Der Mord bestärkt ihn darin, weiter gegen das Unrechtsregime vorzugehen. In dieser Absicht sucht er am 8. Februar 1943 die Wohnung von Sophie und Hans in München auf, dort trifft er auch Alexander Schmorell. Über ihn sagt Harnack: »Er sprach mit großem Freimut über die illegale Tätigkeit. Sein Gesicht leuchtete, als er von dem großen Erfolg der Flugblattaktionen und von der Wirkung der Freiheitsparolen berichtete.«

Am nächsten Tag versammelt man sich in einer größeren Gruppe, auch Professor Huber, Willi Graf und Hans Scholls Freundin, Traute Lafrenz, sind dabei. Es wird über Konzepte diskutiert, um eine weitverzweigte, über ganz Deutschland verteilte Widerstandsorganisation vor allem in der Studentenschaft aufzubauen. So nimmt sich Hans Scholl vor, selbst nach Berlin zu fahren, um persönlichen Kontakt mit der dortigen Organisation aufzunehmen. Mit Falk Harnack verabredet er ein Treffen für den 24. Februar 1943 an der Gedächtniskirche. Harnack wartet: er wartet vergebens. Zwei Tage später kehrt er zu seiner Kompanie nach Chemnitz zurück. Dort erhält er von einer Vertrauten ein Telegramm: »Freunde an der Front gefallen«. Noch weiß er nicht, was diese Worte bedeuten. Die Nachrichten über die Hinrichtung der Geschwister Scholl sind nicht bis zu ihm vorgedrungen. Aber der Tod der Schwägerin und seines Bruders lasten schwer auf ihm, und »eine Zeit nervösen Wartens« beginnt. Als er am 6. März zum Kompaniechef gerufen wird, ahnt er Schlimmes. Er wird sofort festgenommen und unter Bewachung in einen Zug nach München verfrachtet. Am 7. März beginnen bereits die Verhöre im Wittelsbacher

Palais, meist im Kreuzverhör durch mehrere Gestapo-Beamte.

»Während der ganzen Gestapohaft kam ich niemals ins Freie, Tag und Nacht musste ich in der Zelle verbringen, die von scharfem, hellen elektrischen Licht beleuchtet war. Auch während der Bombenangriffe auf München blieb ich in meiner Zelle eingeschlossen.« In dieser Zeit sieht Falk Harnack Alexander Schmorell und erhält Gewissheit, dass die »ersten drei Münchner Widerstandskämpfer« ermordet worden sind.

Nach Wochen der Vernehmungen werden die Männer und Frauen auf die einzelnen Untersuchungsgefängnisse in München verteilt, keinesfalls sollen sie untereinander in Kontakt treten können. »Qualvolle Tage und Nächte folgten, qualvoll wegen der Ungewissheit, wann der Prozess verhandelt und wie er ausgehen würde.«

Am 19. April 1943 werden die Gefangenen frühmorgens von einem Wagen abgeholt und zum Justizpalast gefahren, dort gefesselt und in eine Wartezelle gebracht. Zum ersten Mal sind die Widerstandskämpfer unter sich: Kurt Huber, Willi Graf, Alexander Schmorell, die Geschwister Susanne und Hans Hirzel, Eugen Grimminger, Falk Harnak und andere, insgesamt fünfzehn Personen. Als sie zum Schwurgerichtssaal geführt werden, stehen rechts und links »Menschen, Kopf an Kopf«. Unter ihnen sind viele Studenten, Arbeiter und Soldaten. »Kein böses Wort traf uns – nur Blicke voll tiefer Sympathie und voller Mitleid.«

An der Verhandlung in dem Saal mit »der lächerlich geblümten Tapete« nehmen dann nur »Gestapo-Agenten, hohe Offiziere und Parteifunktionäre« teil, die »am liebsten aufgesprungen« wären, »um uns zusammenzuschlagen«. »Die Eitelkeit und der Sadismus Freislers machten den Gerichtshof zur reinen Propagandabühne, immer wieder flocht er kreischend politische Plattitüden ein«, erinnert sich Falk Harnack. Während er Freisler Rede und Antwort stehen muss, wird der Prozess plötzlich unterbrochen. Es werden vier weitere Angeklagte, junge Studentinnen, in den Raum geführt, und die Rechtsanwälte aufgefordert, die neuen Akten in der Pause »kurz zur Kenntnis zu nehmen.«

Nach vierzehnstündigem Prozess werden gegen 22.30 Uhr die Urteile verlesen: Kurt Huber, Willi Graf und Alexander Schmorell hören ihr Todesurteil, am Schluss werden Haftstrafen von einigen Monaten bis zu zehn Jahren verhängt. Falk Harnack wird – trotz seiner verwandtschaftlichen Nähe zu einem Hochverräter der *Roten Kapelle* – aus Mangel an Beweisen freigesprochen. Der Freispruch schützt ihn nicht, hat man doch vor, ihn am nächsten Tag der Gestapo auszuliefern.

Nach der Urteilsverkündung beginnt die nächtliche Fahrt durch München. Seite an Seite sitzen die Verurteilten, die Männer, die den Tod erwarten, neben ihnen die Verurteilten, die nach ein paar Monaten Haft das Leben begrüßen dürfen. Man fährt die einzelnen Gefängnisse ab, holt von dort die Habseligkeiten der Inhaftierten und kommt schließlich nach Mitternacht im Strafgefängnis München-Stadelheim an.

»Die Gefängnistore kreischen«, der Wagen fährt in den Hof, die Tür öffnet sich und die Gefangenen werden in eine große Empfangshalle geführt. Ein Justizinspektor hält eine Liste in der Hand, er »sortierte die einzelnen wie Waren in einem Kaufhaus«, jeden nach seinem Strafmaß. »Todesstrafe rechts in die Ecke, Zuchthaus links in die Ecke, Gefängnis auf die andere Seite.« Falk Harnack, man weiß nicht, wohin mit ihm, muss sich den Todeskandidaten anschließen.

»Der Abschied ist nicht zu beschreiben. Das ›Lebewohl‹ von allen Fünfzehn wird man nie vergessen können. Dann ging der Weg durch endlose Korridore, die hell erleuchtet waren, bis wir vor einer schweren, eisenbeschlagenen Türe standen, die aufgeschlossen wurde. Wir wussten: es ist das Todeshaus. Wir traten in diesen Korridor ein. Links und rechts an den Zellentüren hingen schwarze Täfelchen mit weißer Aufschrift: TU. Todesurteil. Vor den Zellen lagen Kleiderpakete. Die Delinquenten mussten nackt schlafen, gefesselt.«

Willi Graf, der schon am 18. Februar 1943 gefasst wurde, muss diese Torturen am längsten ertragen. Von der Urteilsverkündung bis zu seiner Hinrichtung wird der Fünfundzwanzigjährige sechs Monate lang in der hell erleuchteten Zelle nackt und gefesselt Schlaf suchen. Er ist der letzte der sechs Hauptbeschuldigten, ihn will man besonders quälen, um Namen aus ihm herauszupressen. Der gläubige Katholik aber schweigt. Sein Gedanke, »dass das Christsein vielleicht das Allerschwerste« ist und erst im Tode zu erreichen, schützt ihn während der Haft in der Todeszelle vor seinen Peinigern.

München im Februar 1943: Überall in der Innenstadt verkünden »brennend rote Plakate«, dass drei Hochverräter, namentlich genannt, zum Tode verurteilt worden sind. Da, wo auf den Fassaden vorher »Nieder mit Hitler« zu lesen war, triumphiert jetzt das Regime über die Verfasser der Inschriften. Aber das Propagandaministerium weitet die Aktion nicht über die Stadt München aus. Unter den Funktionären kommen Bedenken auf, dass die deutsche Bevölkerung, besonders Mütter, Mitleid mit solch jungen Menschen haben könnten. Überhaupt wird überlegt, wie weit man Hitlers Wunsch entsprechen kann, die Widerstandskämpfer vor der Öffentlichkeit bloßzustellen. Denn die Frauen und Männer, die gegen Krieg und Diktatur kämpfen, stellen sich bei Verhören und öffentlichen Drangsalierungen gerade nicht als »Lumpen« und »verbrecherisches Gesindel« heraus. Im Gegenteil: Ihre Haltung vor Gericht ist meistens tadellos, wie ihre Motive, aus denen heraus sie gehandelt haben. In einem zentralen Punkt gleichen sich ihre Aussagen, die man nicht gegen sie verwenden kann: Sie sind bereit, für ein »besseres Deutschland« zu sterben.

Als im August 1944 die Prozesse gegen eine große Anzahl angeblicher »Verschwörer« des *20. Juli* stattfindet, ist Hitler von der Vorstellung besessen, die Verhandlungen gegen »diese gemeinsten Kreaturen, die jemals den Soldatenrock in der Geschichte getragen haben«, so zu inszenieren, wie die Sowjetunion ihre Schauprozesse. Überhaupt wächst Hitlers Respekt vor Stalin und seinen Methoden im Verlauf des Krieges. Die Verhandlungen sollten nicht nur gefilmt, sondern von Direktübertragungen des Rundfunks und ausführlichen Presseberichten begleitet werden. Das Vorhaben stellt sich aber als schwierig heraus. Zu stark sind die Persönlichkeiten, und zu stark ist, was sie zu sagen haben. Sogar die, die offensichtlich durch schwere Folter gebrochen sind, wirken nicht abstoßend.

Nachdem Fritz-Dietlof Graf von der Schulenburg sich in ähnlicher Weise wie Sophie Scholl vor Gericht erklärt hat, untersagt Hitler am 17. August 1944 jede weitere Berichterstattung. Schulenburgs Aussage: »Wir haben diese Tat auf uns genommen, um Deutschland vor einem namenlosen Elend zu bewahren. Ich bin mir klar, dass ich daraufhin gehängt werde, bereue aber meine Tat nicht und hoffe, dass sie ein anderer in einem glücklicheren Augenblick durchführen wird«, taugt nicht für die Propaganda. Am Ende werden nicht einmal mehr die Hinrichtungen an den Attentätern bekannt gemacht. Die Öffentlichkeit, die man so lange meinte lenken zu können, wird ausgeschaltet. Man ist sich ihrer nicht mehr sicher.

Der perversen Schaulust aber, der Vernichtung des Feindes beizuwohnen, sie bis ins Einzelne mit anzusehen, wird nicht abgeschworen, sie wird in den ›privaten‹ Bereich verlegt. Der Gefängnispfarrer Harald Poelchau, der den Verurteilten am Nachmittag des 8. August 1944 verbotenerweise zur Hinrichtungsstätte Plötzensee folgt, beschreibt das Unfassbare. »SS-Männer mit Scheinwerfern drangen in die Zellen ein und filmten die einzelnen Gefangenen, ehe sie zur Hinrichtung geschleppt wurden. Der Film, im Auftrag des Führers gedreht, sollte den gesamten Prozess in allen Phasen ausführlich und in allen Einzelheiten zeigen.«

Die Verurteilten, gezwungen, sich vor der Hinrichtung umzuziehen, überqueren im Zuchthausdrillich und in Holzschuhen vor laufender Kamera den Gefängnishof. Auch im Hinrichtungsraum, durch einen schwarzen Vorhang zu betreten, ist eine Kamera installiert. Von grellem

Scheinwerferlicht beleuchtet, folgt sie jedem ihrer Schritte. Der Generalstaatsanwalt, die Gefängnisbeamten, die Fotografen und Henker sind die letzte grausame Gesellschaft der Unglücklichen. »Die Henker nahmen den Verurteilten die Handschellen ab«, so beschreibt es Joachim Fest in seinem Buch *Staatsstreich. Der lange Weg zum 20. Juli*, »legten ihnen eine kurze, dünne Schlinge um den Hals und entkleideten sie bis zur Hüfte. Und auf ein Zeichen hin hoben sie die Delinquenten in die Höhe, ließen sie teils plötzlich, teils behutsam in die Schlingen fallen und zogen ihnen, noch bevor das Ende kam, die Hosen herunter.«

Wie viele Menschen an diesem Nachmittag hingerichtet worden sind, weiß man bis heute nicht. Die Unterlagen über die Prozesse und Todesurteile wurden vernichtet oder gingen verloren. Zwischen dem 8. August 1944 und dem 9. April 1945 wurden in der Hinrichtungsstätte Berlin-Plötzensee sechsundachtzig Menschen umgebracht, die in irgendeiner Weise – mittelbar oder unmittelbar – mit der Gruppe des *20. Juli* zu tun hatten. In den zwölf Monaten des Jahres 1943 wurden dort 1.180 Leben ausgelöscht, die höchste Zahl an diesem Ort.

Die Justizbeamten handeln am 8. August genau nach Hitlers Anweisung, der zu Anfang des Prozesses gegen die Widerstandsgruppe *20. Juli* gesagt hat: »Ich will, dass sie gehängt werden, aufgehängt wie Schlachtvieh!« Noch am selben Tag treffen nachts die Filme vom Prozess und den Exekutionen in der Wolfsschanze, dem Führerhauptquartier, ein. Es wird eine lange Nacht, eine erregte, in der Hitler und seine Vertrauten bis in die Morgenstunden hinein sich »nicht satt sehen« können an der Vernichtung ihrer Feinde. Aufnahmen der Erhängten sollen nach Augenzeugenberichten noch Tage später auf dem Kartentisch Hitlers in seinem Bunker gelegen haben.

# 7
## AM BODEN ZERSTÖRT

### *Schmerzhafte Erinnerungen und neue Wege*

Am Montag, den 22. Februar 1943, eilen Robert und Lina Scholl zwischen 16 und 17 Uhr zu ihren beiden zum Tode verurteilten Kindern ins Gefängnis Stadelheim. Wann das Todesurteil vollstreckt wird, wissen sie nicht. Sie denken jetzt nur an ihre Kinder als Lebende. Das Unfassbare der nächsten Zukunft begreifen sie nicht. Sie reagieren, wie alle liebenden Eltern auf der Welt es täten: Sie wollen nur ihre Kinder sehen, sehen, dass sie leben. Sie wissen nicht, dass sie Hans, um den sie so viele Jahre gerungen haben, und dass sie Sophie, die ihr »Sonnenschein« ist, das letzte Mal gegenüberstehen in einem kalten Gefängnisflur.

Hans spricht mit dem Vater über das, was ihm am wichtigsten ist: die Abkehr vom Naziregime und seine Hinwendung zu Gott. Zwischen Mutter und Tochter gibt es ein letztes kleines Gespräch, das Inge später aufgezeichnet hat. »Nun wirst Du also gar nie mehr zur Türe hereinkommen«, sagt Lina und Sophie antwortet: »Ach, die paar Jährchen, Mutter«. Wie ihr Lieblingsbruder Hans betont sie: »Wir haben alles, alles auf uns genommen«. Überzeugt fügt sie hinzu: »Das wird Wellen schlagen«.

Ihrer Zellengenossin hatte Sophie kurz vor Prozessbeginn noch erklärt: »Was liegt an meinem Tod, wenn durch unser Handeln Tausende von Menschen aufgerüttelt und geweckt werden? Unter der Studentenschaft gibt es bestimmt eine Revolution!« Im Glauben daran, dass sich ihre Kommilitonen und sogar ein großer Teil der Bevölkerung nach ihrem Tod auf ihre Seite stellen werden, gehen Hans und Sophie zu ihrer Hinrichtungsstätte.

Die beiden Widerständigen geben alles: ihr Leben. Sie erwarten von der deutschen Bevölkerung die Abkehr von Hitler. Sie erwarten zu viel: Die Diktatur hat die Menschen deformiert. Bald nachdem die Geschwister abgeführt worden sind, so berichtet es der Augenzeuge Helmut Goetz, sei die Stimmung im Atrium eindeutig gegen sie umgeschlagen. Die »anwesenden Studenten, die schweigend und wartend herumstanden« – da alle Türen des Universitätsgebäudes augenblicklich von den dienstbeflissenen Hausmeistern verriegelt worden waren –, hätten die »unbegreifliche Blödheit« gehabt, den kurz darauf erscheinenden Rektor, »der eine aufklärende Ansprache hielt und etwas von Hochverrätern faselte«, ihre Zustimmung durch damals übliches Trampeln zu bezeugen. Als sei das nicht genug, versammelt sich schon zwei Stunden nach der Hinrichtung der drei Studenten vor der Universität einen größere Gruppe ihrer Kommilitonen, die dem Regime ihre Loyalität bekundet.

Der Hausmeister Jakob Schmid, der Sophie und Hans ausgespäht und dann festgenommen hat, ist auf seine Tat mehr als stolz. An der Gerichtsverhandlung gegen die Geschwister Scholl und Christoph Probst nimmt er als Zeuge teil. Mit »gebeugtem Rücken« und »ausgestreckter

Hand zum Hitlergruß« tippelt er in »kleinen Schritten« in den Saal. »Als Schmid nicht zu Wort kam«, weil der Ausgang des Prozesses von vornherein feststeht und er somit nicht als Zeuge aufgerufen werden muss, »hatte ich persönlich das Gefühl, dass er gehofft hatte, in das Rampenlicht der Welt zu treten«, so erinnert sich Oberlandesgerichtsrat Otto Betzhold.

Über die spätere Dankesfeier zur erfolgreichen Zerschlagung des studentischen Widerstands in der Universität, bei der Schmid im Mittelpunkt steht, berichtet die Studentin Li Magold: »Die Kundgebung im Auditorium Maximum gehört zu den schauerlichsten Erinnerungen, die mir aus jenen Tagen geblieben sind. Hunderte von Studenten johlten und trampelten Beifall, und dieser nahm ihn stehend und mit ausgestrecktem Arm entgegen.« Ebenso wird dem NS-Studentenführer zugejubelt, der die toten Kommilitonen in einer Hohnrede weiter herabsetzt.

Schmid, der in seiner Funktion als Hausmeister auch schon Diebe festgenommen hat, wendet sich bald nach seiner bejubelten Tat mit einem Schreiben an die Polizei. Er habe ja, stellt er fest, »der Polizeidirektion wertvolle Dienste erwiesen«. Er betont, »gerade der letzte Fall dürfte für meine Ausführungen den besten Beweis liefern. Wäre es möglich mir für diese Leistungen eine den Verhältnissen entsprechende Belohnung zukommen zu lassen?« Schmid erhält für die Festnahme der »Hochverräter« eine Belohnung von 3.000 Reichsmark und wird vom Arbeiter zum Angestellten befördert.

1946 wird er von der 10. Münchener Spruchkammer als Hauptbeteiligter in der Sache zu fünf Jahren Haft verurteil, darüber hinaus verliert er seinen Anspruch auf zukünftige Rentenbezüge sowie das Recht, ein öffentliches Amt auszuüben. Gegen dieses Urteil legt Schmid zweimal erfolglos Berufung ein, mit der Begründung, lediglich seine »Pflicht getan« zu haben. Der Inhalt der Flugblätter habe ihn nicht interessiert, aber das Verteilen von Flugblättern in der Universität sei verboten gewesen. Schmid wird vorzeitig aus der Haft entlassen und sein Rentenanspruch 1951 wiederhergestellt.

In den Augen Jakob Schmids geschieht ihm nach dem Krieg bitteres Unrecht, hat er doch selbst keine Gesetzeswidrigkeit begangen. Der Einsicht, dass durch sein Handeln der Familie Scholl Unrecht geschehen ist und sechs Menschen ihr Leben verloren haben, verschließt er sich bis zu seinem Ende. Er hält das Leid, das Familie Scholl ertragen muss, für eine gerechte Strafe.

Die Familie Scholl hingegen verliert unter der Diktatur Hitlers drei Kinder: Sophie und Hans durch das Urteil einer verbrecherischen Justiz, ihren jüngsten Sohn Werner durch den Krieg. Werner wird am 7. Mai 1944 als vermisst gemeldet, zuletzt war er mit seiner Einheit in einen Kampf mit Partisanen geraten. Sein Schicksal kann auch später nicht aufgeklärt werden.

Drei Tage nach der Beerdigung von Sophie und Hans wird die Familie von der Gestapo abgeholt und ins Ulmer Gefängnis gebracht. Elisabeth wird wegen einer schweren Nierenerkrankung nach zwei Monaten frühzeitig entlassen. Sie irrt in Ulm umher, »um einen Anwalt für uns zu finden. Außerhalb der Gefängnismauer hatte sie fast ein noch schwereres Leben als wir. Sie musste die Angst der Menschen miterleben, ihre Panik, wenn sie einen Bekannten grüßte. Die meisten blickten zur Seite, als würden sie angesteckt«, erinnert sich Inge Scholl.

Lina und Inge, die sich wegen »Abhörens eines Feindsenders« zeitweise in Einzelhaft befinden, werden erst Ende Juli 1943 entlassen, auch sie vorzeitig »aus gesundheitlichen Gründen«. Inge, von einer Zellengenossin mit Diphtherie angesteckt, benötigt Monate, um wieder gesund zu werden. Nach der Entlassung aus der Haft müssen die drei Frauen mit weiteren Schwierigkeiten fertigwerden: Das Einkommen von Robert Scholl fehlt, und die Wohnung am Münsterplatz soll geräumt werden.

Obwohl die Eltern von Fritz Hartnagel den Widerstand von Sophie und Hans ablehnen, sind sie als Einzige bereit, die Wohnungslosen in eines ihrer Häuser aufzunehmen; das wird vom Wohnungsamt verhindert. Fritz Hartnagel und Ernst Gruele setzen sich für Familie Scholl ein: Ihnen ist es zu verdanken, dass sie ihre Wohnung wieder beziehen kann und mit Lebensmitteln versorgt wird. Geächtet und isoliert bleiben jedoch alle Familienmitglieder bis zum Ende des Krieges.

»Die Welle des Aufruhrs«, die Sophie und Hans nach ihrer Hinrichtung erhofft haben, bleibt aus. Nur diejenigen erfahren vom Widerstand der *Weißen Rose*, die heimlich die Programme der ›Feindsender‹ hören, und diejenigen, die Flugblätter aufheben und schnell in ihren Taschen verschwinden lassen: Menschen, die sich der Gefahr aussetzen, inhaftiert zu werden.

In einer Radioansprache von Thomas Mann, die er am 27. Juni 1943 im britischen Rundfunk, der BBC, hält, erfahren diese Menschen von dem Schicksal der Hingerichteten: »Ja, sie war kummervoll, diese Anfälligkeit der deutschen Jugend – gerade der Jugend – für die nationalsozialistische Lügenrevolution. Jetzt sind ihre Augen geöffnet, und sie legen das junge Haupt auf den Block für ihre Erkenntnis und für Deutschlands Ehre, legen es dorthin, nachdem sie vor Gericht dem Nazi-Präsidenten ins Gesicht gesagt: ›Bald werden Sie hier stehen, wo ich jetzt stehe‹; nachdem sie im Angesicht des Todes bezeugt: ›Ein neuer Glaube dämmert an Freiheit und Ehre‹. Brave, herrliche junge Leute! Ihr sollt nicht umsonst gestorben, sollt nicht vergessen sein!«

Fast gleichzeitig beginnt das britische Militär im Sommer 1943 das sechste Flugblatt der *Weißen Rose* als Gegenpropaganda über Ostfriesland und angrenzende Gebiete von Flugzeugen der Royal Air Force in mehreren Millionen Exemplaren abzuwerfen. »Wir werden den Krieg sowieso gewinnen«, heißt es in der Erläuterung, »aber wir sehen nicht ein, warum die Vernünftigen und Anständigen in Deutschland nicht zu Worte kommen sollen. Deswegen werfen die Flieger der RAF zugleich mit ihren Bomben jetzt dieses Flugblatt« ab, »für das sechs junge Deutsche gestorben sind.«

Hätten die »sechs jungen Deutschen« noch gelebt, sie hätten sich vehement gegen diese Art ›tödlicher Aufklärung‹ des Bombardements gewehrt, denn ihr Widerstand sollte gewaltfrei sein, allein von christlichen und humanistischen Idealen geprägt.

Nach der Kapitulation Deutschlands beginnt ein Ringen der Sieger mit den Besiegten, in dem es aber nicht – wie unter Hitler – um die Vernichtung der Besiegten geht. Eine der ersten Stimmen, die in Deutschland zu hören ist, ist die der Dichterin Ricarda Huch. Die Einundachtzigjährige hat ihren Landsleuten Dinge zu sagen, die längst hätten ausgesprochen werden müssen. In der *Täglichen Rundschau* schreibt sie zum Jahreswechsel in ihrem Artikel *Neujahrsbetrachtung 1945/46*: »Die Schuld ist in den vergangenen Jahren angehäuft, ihre Folgen werden im gegenwärtigen Augenblick erlitten. Das macht uns geneigt, über unseren Leiden unsere Schuld zu vergessen. Wenn ein anderer, ein Fremder, uns unsere Schuld vorhält, mögen wir denken: Er weiß ja nicht, wie wir Schritt für Schritt hineingerissen sind, wie wir gerungen, wie wir gelitten haben. Wir müssen aber, um unsererseits gerecht zu sein, unsere Schuld so vor uns hinstellen, wie sie einem Außenstehendem erscheinen muss und wie sie sich tatsächlich ausgewirkt hat.«

Viele Deutsche haben Ricarda Huch still und schuldbewusst zugestimmt, manche jedoch ihre Worte aggressiv von sich gewiesen. Als sie am 4. Mai 1946 in den *Hessischen Nachrichten* und später in anderen Zeitungen einen Aufruf an die »Angehörigen und Freunde« der Hingerichteten drucken lässt, erhält sie zahlreiche Schmäh- und Drohbriefe. Ihr wird vorgeworfen, sie gehöre zu den »Totengräbern unserer völkischen Substanz«; ihr wird geraten, »auf schnellstem Weg unser Vaterland zu verlassen«; ihr wird gedroht, »es kommt auch für Deutschland wieder eine andere Zeit. Aber dann wehe euch. Es wird eine zweite Bartholomäusnacht werden. Ihr seid alle gemerkt.«

Die alte Dame lässt sich von den Briefen nicht einschüchtern, sie kennt diese Art des Denkens von Menschen, die ihre anonymen Drohungen mit den Worten unterzeichnen: »Ein glühender Deutscher«. Sie hat in ihrem Leben vielerlei Gelegenheit gehabt, Erfahrungen mit ihnen zu sammeln. Ricarda Huch, die 1926 als erste Frau in die Sektion ›Dichtkunst‹ der Preußischen Akademie der Künste aufgenommen wurde, hat die Institution bereits im April 1933 »erhobenen Hauptes« verlassen. Die damals fast Siebzigjährige sah sich in dem Moment dazu veranlasst, als die Nationalsozialisten begannen, die Akademie auf ihre Linie zu zwingen. Dem Präsidenten, Max von Schillings, erklärte Huch: »Was die jetzige Regierung als nationale Gesinnung vorschreibt, ist nicht mein Deutschtum. Die Zentralisierung, der Zwang, die brutalen Methoden, die Diffamierung Andersdenkender, das prahlerische Selbstlob halte ich für undeutsch und unheilvoll.«

In Jena, wo sie seit 1936 zurückgezogen lebt, schart sich um sie ein kleiner oppositioneller Kreis. Er besteht aus Frauen und Männern, die versuchen, mit Anstand den Alltag in einer Diktatur durchzustehen; offener Widerstand kommt für sie alle nicht infrage. Allerdings bestehen Kontakte zu den Widerstandskämpfern des Freiburger Kreises um Walter Eucken sowie mit Carl Goerdeler in Leipzig. Auch mit Elisabeth von Thadden, Ernst von Harnack und Helmut Gollwitzer tauscht sich Ricarda Huch aus.

Als ihr zwei Tage nach ihrem achtzigsten Geburtstag am 20. Juli 1944 die Nachricht vom Scheitern der Widerstandsgruppe des *20. Juli* überbracht wird, entsteht der Plan, ein Gedenkbuch für die *Märtyrer der Freiheit* zu verfassen. Für Ricarda Huch gibt es einen ganz persönlichen Grund, sich diesem schmerzhaftem Thema noch im hohen Alter zu widmen: die Scham über ein Geld-geschenk zu ihrem Achtzigsten, das sie nicht zurückge-wiesen hat. An ihrem Geburtstag erhält sie ein Glück-wunschtelegramm aus dem Büro des ›Führers‹, das sie nicht nur vor ihren Gästen in Verlegenheit bringt, son-dern auch selbst bestürzt. Darüber hinaus verleiht ihr ihre Geburtsstadt Braunschweig den Wilhelm-Raabe-Preis samt einer Zuwendung von 30.000 Reichsmark. Ricarda Huch kann das Geld gut gebrauchen, da sie al-lein von den Honoraren des Schweizer Atlantis Verla-ges lebt; in Deutschland sind nur wenige ihrer politisch unverfänglichen Titel neu aufgelegt worden. Zugleich aber weiß sie, dass der Preis nur mit Zustimmung hoher Nazi-Funktionäre an sie gegangen ist.

»Dieser Geburtstag hing schon Wochen vorher wie eine Wetterwolke über mir und entlud sich dann auch in eini-gen Blitzen«, schreibt sie am 22. Juli dem Freund Rudolf Bultmann. Und in einem ihrer letzten Briefe kommt sie noch einmal auf den 18. Juli 1944 zurück: »Die Erinne-rung an meinen 80. Geburtstag ist mir qualvoll. Dass ich nicht die Geistesgegenwart hatte, die 30.000 M., die mir da geschenkt wurden, in einer passenden Form abzu-lehnen, ist vielleicht entschuldbar, aber ich empfinde es als einen Flecken auf der Ehre, den ich nicht auslöschen kann.«

Ricarda Huch schämt sich für ihr Verhalten, deshalb drängt es sie, gleich nach dem Krieg mit der schwieri-gen Arbeit zu beginnen. Sie bittet öffentlich all die Men-schen, die im Kontakt zu den Hingerichteten standen, ihr Briefe, Dokumente oder Erinnerungen für ihr Projekt zur Verfügung zu stellen. Sie schreibt weit mehr als hundert Briefe an Widerständler und ihre Angehörigen, trifft sich mit ihnen, ermutigt sie zum Sprechen und macht sich Notizen. Ihr Anliegen ist, »das deutsche Volk die beteiligten Personen [des Widerstands] kennen und verehren zu lehren«.

Die Dichterin arbeitet noch auf dem Krankenlager an ihrem Gedenkbuch für die *Märtyrer der Freiheit*, damit »das deutsche Volk einen Schatz besitze, der es mitten im Elend noch reich macht«. Am 17. November 1947 stirbt sie an einer schweren Lungenentzündung, ohne das Buch beenden zu können. Erst fünfzig Jahre später stellt Wolfgang Schwiedritz die Fragmente aus ihrem Nachlass zusammen und bringt sie 1997 unter dem Titel *In einem Gedenkbuch zu sammeln …: Bilder deutscher Widerstandskämpfer* heraus.

»Aus unserer Mitte sind böse, brutale und gewissenlose Menschen hervorgegangen«, heißt es in Ricarda Huchs *Aufruf.* »Sie beherrschten das deutsche Volk mit einem so klug gesicherten Schreckensregiment, dass nur Heldenmütige den Versuch, es zu stürzen, wagen konnten. So tapfere Menschen gab es eine große Anzahl unter uns. Es war ihnen nicht beschieden, Deutschland zu retten, nur für Deutschland sterben durften sie; das Glück war nicht mit ihnen, sondern mit Hitler. Sie sind dennoch nicht umsonst gestorben.«

Für Ricarda Huch gehört es zu dem Bittersten, wie sie gegenüber dem Bischof von Münster, Graf von Galen, schon 1941 bemerkt, »dass unserm Volk das Rechtsgefühl zu fehlen scheint« oder durch die Erziehung der Nazis abhanden gekommen ist. Deshalb hält sie es in der ›Stunde Null‹ für unerlässlich, sich endlich auf die Werte des christlichen Glaubens zurückzubesinnen. In den Schriften der *Weißen Rose* und in der Biografie ihrer Verfasser findet sie die Fundamente dieses Glaubens. Ihnen widmet sie das erste Kapitel ihres Buches. Das einfühlsamste und schönste Porträt von Sophie verdanken wir Ricarda Huch.

»Innerhalb der Geschwistergemeinschaft hingen Hans und Sophie besonders liebevoll zusammen. Hans, groß und schlank, ging, als er erwachsen war, etwas vornüber geneigt, Sophie hielt sich sehr aufrecht. ›Es sieht aus‹, sagte der Bruder bewundernd, ›als reite sie zu Pferd‹. Beide liebten den Sport, der mit der Natur verbindet: Reiten, Schwimmen, Bergsteigen, Skilaufen. Sophie war kühn wie ein Junge. Furcht kannte sie nicht; mitzufühlen, mitzustürmen, sich ganz durchdrungen zu fühlen von den geheimnisvollen Schwingungen der Natur, dazu drängte es sie. Ebenso selbstvergessen hingerissen war sie, wenn sie auf Wanderungen abends beim Feuer die Verse eines Dichters, Rilkes oder Claudels, las, für den sie sich gerade begeisterte: Wie sie sich dem Schönen hingab, mit derselben kindlichen Unbedingtheit, die keine Schattierung zulässt, lehnte sie ab, was sie für schlecht hielt. Sie ging immer auf das Höchste zu.«

Ricarda Huch war zu klug, um die »Märtyrer« im Nachhinein mit einem Glanz zu versehen, den sie zu Lebzeiten nicht hatten. Der innere Schmerz der vielseitig Begabten, die an sich selbst ein anderes Maß anlegt als an ihre Mitmenschen und dadurch zur Außenseiterin wird, entgeht der Dichterin nicht. »Die Gabe eines außerordentlich scharfen Verstandes stand ihr an, Messer in der Hand eines Kindes: Wird es sich nicht damit verletzen? Dazu kam die seltene Gabe der Objektivität, die sie unfähig machte, sich selbst zu belügen, eine Sache in ein für sie günstigeres Licht zu rücken; sie kritisierte scharf, sich selbst aber am strengsten. Der Zwang, sich selbst zu beobachten und zu beaufsichtigen, beraubte sie der Sicherheit der naiv ihren Trieben Folgenden, die ihr Ziel wie Schlafwandler mit geschlossenen Augen erreichen; sie wusste das und empfand den Verlust ihrer Einheit schmerzlich. Andererseits schätzte sie die Kraft des Denkens, die ihr [eigen] geworden war, und übte sie mit der Überzeugung aus, dass der Verstand ein verlässlicherer Steuerer sei als das Gefühl.«

Ricarda Huch will keine politische Schrift verfassen, auch keine Sammlung von Dokumenten herausbringen, sie will durch ihre sensiblen Porträts die Würde der Verfemten wieder herstellen und ihre Leser mit ihnen bekannt machen. Sie widmet sich nicht nur den Frauen und Männern der *Weißen Rose*, sondern auch denen der Widerstandskämpfer des *20. Juli*, die hingerichtet worden sind. Diesen Frauen und Männern ein Denkmal zu setzen, war ihr wichtig bis zuletzt.

Auch die Politikerin Hildegard Hamm-Brücher hat einen ganz persönlichen Grund, sich nach dem Krieg »für die Ziele« einzusetzen, »für die Sophie und Hans Scholl, Kurt Huber, Willi Graf, Christoph Probst, Alexander Schmorell und Hans Leipelt auf dem Schafott gestorben waren«. Hat sie doch zur selben Zeit wie die Geschwister Scholl in München Chemie studiert und einige Male an dem Gesprächskreis von Kurt Huber teilgenommen, der das sechste Flugblatt verfasst hat. Im Sommer 1942 liegt einmal ein Flugblatt »halb verdeckt in der Schublade«

ihres Labortisches. »Ich habe es auf der Toilette gelesen und anschließend sofort in kleine Schnipsel zerrissen und heruntergespült. So haben wir es wohl alle gehalten – und uns damit durch Tarnung mitschuldig gemacht.«

Hamm-Brücher wusste nicht, wer die Verfasser der Flugblätter sind, sie hatte auch nicht die Kraft, dem nachzugehen. Sie musste in den letzten Kriegsjahren mit einem schrecklichen Verlust fertig werden: »Im Januar 1942 hatte sich meine geliebte Großmutter, die nach den Nürnberger Rassegesetzen als Jüdin galt und bei der wir nach dem frühen Tod der Eltern wohlbehütet gelebt hatten, vor dem Abtransport nach Theresienstadt mit Schlaftabletten das Leben genommen.«

Der Diktatur Hitlers nicht getrotzt zu haben, bedrückt auch sie noch nach dem Krieg. Deshalb widmet sie der *Weißen Rose* ein eigenes Buch mit dem Titel: *»Zerreißt den Mantel der Gleichgültigkeit«. Die »Weiße Rose« und unsere Zeit.* Anhand der sechs Flugblätter zeigt Hamm-Brücher, welche Forderungen der Hingerichteten für ein Deutschland unter einer neuen demokratischen Regierung bereits erfüllt sind und welche ausstehen. Sie selbst ist sich sicher: »Ihr Vermächtnis hat meine politischen Überzeugungen und Einstellungen geprägt und mein politisches Denken und Handeln bestimmt.«

Golo Mann, der zweitälteste Sohn des Literaturnobelpreisträgers Thomas Mann, der nach der ›Machtergreifung‹ der Nationalsozialisten über Frankreich und die Schweiz in die USA emigrierte, schreibt in seinem Buch *Deutsche Geschichte des 19. und 20. Jahrhunderts* nicht einmal den Namen Hitlers aus, so groß ist seine Abscheu vor dem Diktator. Über den Widerstand der *Weißen*

*Rose* schreibt er mit größter Hochachtung: »Die Münchner Studenten, die im Februar 1943 in Flugblättern die Wahrheit über die Tyrannei aussprachen und zu Sabotage in den Rüstungsbetrieben aufforderten, waren keine Politiker. Es waren junge, lebensfrohe Christen; aus der katholischen Jugendbewegung kommend, zeitweise sogar vom fröhlichen Gemeinschaftsgeist beherrscht, den die Nazibewegung der Jugend lieferte, dann, nach und nach, ihren wahren Charakter erkennend. Sie fochten gegen das Riesenfeuer mit bloßen Händen, mit ihrem Glauben, ihrem armseligen Vervielfältigungsapparat, gegen die Allgewalt des Staates. Gut konnte das nicht ausgehen, und ihre Zeit war kurz. Hätte es aber im deutschen Widerstand nur sie gegeben, die Geschwister Scholl und ihre Freunde, so hätten sie alleine genügt, um etwas von der Ehre des Menschen zu retten, welcher die deutsche Sprache spricht.«

# 8
## NACHWORT

*Im Namen der ganzen deutschen Jugend fordern wir vom Staat Adolf Hitlers die persönliche Freiheit, das kostbarste Gut der Deutschen zurück, um das er uns in der erbärmlichsten Weise betrogen hat. ... Es gilt den Kampf jedes Einzelnen von uns um unsere Zukunft, unsere Freiheit und Ehre in einem seiner sittlichen Verantwortung bewussten Staatswesen.*

Auszug aus dem 6. Flugblatt der *Weißen Rose*

Februar 1943: Die Zeit der triumphalen Siege ist vorüber, auch die Zeit der Gewissheit, es im Kampf mit jedem Land der Welt aufnehmen zu können. Bomben fallen auf deutsche Städte. Erschüttert ist der Glaube der Zivilbevölkerung, verschont zu bleiben von Tod und Zerstörung. Nun weicht die schmeichelnde Propaganda Hitlers einer drohenden. Immer seltener tritt ›der Führer vor sein Volk‹, und was er ihm zu sagen hat, brüllt er über die Köpfe der Menschen hinweg. Volksabstimmungen gibt es nicht mehr, auch keine Reichstagswahlen. Jetzt muss »der Bürger billigen, was seine Reichsregierung« tut. Jetzt bringt jede »Missbilligung den Tod« und scheint offener Widerstand selbstmörderisch. Und trotzdem gibt es Widerstand: Für Golo Mann ist er »das Höchste, was die deutsche Geschichte erreicht hat, wenn die Kriegsdiktatur der H. und Himmler das Tiefste ist«.

Der Widerstand in Deutschland ging niemals von einer geschlossenen, von einem Ideal geeinten Gruppe oder Bewegung aus. Gegen das Regime aufzubegehren, konnte viele Gründe haben, und die Art, wie es sich äußerte, glich sich nicht. Joachim Fest spricht von einem »Stimmengewirr«, in dem »christliche, sozialistische, einfach nur menschenrechtliche, konservative und sogar reaktionäre Motive hörbar« gewesen sind.

Es gab eine große Zahl von kleinen unabhängigen Gruppen, die sich bewusst für eine geringe Zahl der Mitglieder und für ihre Eigenständigkeit entschlossen hatten, um einen gewissen Schutz vor Nachforschungen durch die Gestapo zu haben, so wie die Mitglieder der *Weißen Rose* es die längste Zeit praktizierten. Als die Gestapo Anfang 1942 den *Römer-Kreis* um den Juristen »Beppo« Römer aufdeckte, hielt sie ihn für einen der kleineren. Am Ende des Jahres aber waren etwa einhundertfünfzig Personen aufgespürt und in Prozesse verwickelt worden. Etwa zweihundert Personen wurden kurz nach dem Attentat vom 20. Juli 1944 von Hitlers Gefolgschaft als vermeintliche Attentäter oder Mitwisser getötet oder in den Tod getrieben, obwohl nur zwanzig bis dreißig Personen im engeren Sinn an ihm beteiligt waren. In den folgenden Monaten wurden rund sechshundert Verdächtige festgenommen; bis zum Ende des Krieges weiteten sich die Prozesse gegen mehr als tausend Menschen aus.

Es gab Gruppierungen, die so gegensätzliche Interessen und Weltanschauungen hatten, dass es nicht einmal eine Annäherung zwischen ihnen hätte geben können.

Für viele Menschen, die sich zum Widerstand gegen das Regime entschlossen, war das Elend der verfolgten Juden ausschlaggebend, sie konnten ihr Leid nicht mehr mit ansehen, so empfanden auch die Geschwister Scholl. Dann gab es einige, die rein nationale Ziele im Sinn hatten, denen die Judenvernichtung gleichgültig war. Es gab auch ›Einzelkämpfer‹, die in ihren Berufen als Juristen oder Gewerkschafter, Pfarrer oder Offiziere, Unternehmer oder Hausfrauen, an den Orten, an denen sie standen, Unrecht verhinderten. Auch das war lebensgefährlich. Die Mehrzahl der Oppositionellen aber lebte in gewählter Zurückgezogenheit, es waren so hervorragende Menschen wie Ricarda Huch und ihre Freunde, die sich keinen Nazi-Verbänden anschlossen, keinen Vorteil aus der Diskriminierung Verfolgter zogen, die »einfach irgendwie anständig überleben« wollten.

Wenn es auch eine große »gesellschaftliche Vielfalt des Widerstands« gab und kein Fall dem anderen glich, so war ihm doch spätestens nach der Niederlage von Stalingrad ein Ziel gemeinsam: So viele Menschen wie möglich vor der heranrückenden Katastrophe des ›Totalen Krieges‹ zu schützen; so viele Städte und Industrieanlagen vor dem radikalen Luftkrieg zu bewahren, der sie, aller Voraussicht nach, dem Erdboden gleich machen würde. Das gemeinsame Ziel war, Hitler, den »großen Vollstrecker des Bösen«, wie Diplomat und Widerstandskämpfer Hans-Bernd von Haeftens ihn nannte, zu stoppen.

Nachdem auch der letzte Versuch, Hitler zu töten, gescheitert war, starben täglich zehn Mal mehr Deutsche zwischen Juli 1944 und Mai 1945, als an den Tagen zwischen Kriegsbeginn und dem Attentatsversuch.

Die evangelische und die katholische Amtskirche bekannten sich zu Hitler, sie nahmen von Anfang an die ›Gleichschaltung‹ durch das Nazi-Regime hin. Sie wehrten sich nicht einmal gegen die Entfernung der Kreuze aus Amtsstuben und Schulen, während zur selben Zeit Kirchenschiffe mit Hakenkreuzfahnen beflaggt wurden. Sie standen den Theologen aus ihren eigenen Reihen und den Gläubigen aus ihren Gemeinden nicht bei, die Zweifel äußerten und der Unmenschlichkeit der neuen Machthaber nicht tatenlos zusehen wollten. Die Anzahl derer, die sich aus religiösen Gründen zum Widerstand entschlossen hatten, war groß. Von der Amtskirche wurden diese Menschen so angesehen wie vom Regime: nämlich als Verbrecher.

Eine Ausnahme bildete die ›Bekennende Kirche‹, die 1934 von den evangelischen Theologen Martin Niemöller und Dietrich Bonhoeffer gegründet wurde und der ungefähr siebentausend Pfarrer angehörten. Die ›Bekennende Kirche‹ verurteilte die Rassenpolitik der Nationalsozialisten, da sie im Widerspruch zur kirchlichen Lehre stehe. Die ›Bekennende Kirche‹ beugte sich auch nicht dem sogenannten ›Arierparagrafen‹, der verbot, dass Menschen mit jüdischer Abstammung Kirchenämter übernehmen durften. Nicht nur ihre prominenten Mitglieder wie Bonhoeffer wurden von den Nazis verfolgt und umgebracht, sondern auch Gemeindevorsitzende und einfache Mitglieder.

Auch in der katholischen Kirche gab es Widerstand von einzelnen herausragenden Männern. Als der katholische Priester Max Josef Metzger zum dritten Mal am 29. Juni 1943 und nun endgültig in Haft geriet, distanzierte sich der Erzbischof von Freiburg von ihm und entschuldigte sich schriftlich bei Roland Freisler für das »Verbrechen«, das sein Mitbruder begangen habe. Metzger, Gründer des *Friedensbundes deutscher Katholiken*, der pazifistisch ausgerichtet war, hatte sich bemüht, eine Botschaft zu einem schwedischen Bischof gelangen zu lassen. Eine Agentin hatte sein Memorandum zu künftigen demokratischen Strukturen Deutschlands an die Gestapo weitergeleitet. Daraufhin wurde er in einem siebzigminütigen Prozess von Roland Freisler wegen »Hochverrat und Feindbegünstigung« als »allzeit ehrloser Volksverräter« zum Tode verurteilt.

Sogar nach dem Ende der Naziherrschaft hielt man ihr in Freiburg eine gewisse Treue. Als die katholische Jugendzeitschrift *Fährmann* 1947 eine Würdigung der *Weißen Rose* veröffentlichen wollte, legte das Generalvikariat Freiburg sein Veto ein mit der Begründung, das Handeln der Münchner Studenten sei »für Katholiken nicht vorbildlich«. Man rechtfertigte sich so: »Probst und seine Gesinnungsgenossen gingen in der Bekämpfung des sogenannten Dritten Reiches Wege, welche nicht im Einklang stehen mit christlichen Moralgrundsätzen. Denn Revolution auch gegenüber einer Regierung, welche Unrecht übt, ist nicht erlaubt«. Widerstand gegen die Nazidiktatur galt für die katholische Amtskirche noch lange Zeit nach dem Krieg als »schwere Sünde«.

Ein Vorwurf, der allen Regimegegnern gemacht wurde, sobald sie gefasst wurden, war der des Verrats. Mit dieser hässlichen und falschen Beschuldigung mussten dann auch die Hinterbliebenen der zum Tode Verurteilten bis weit über das Kriegsende hinaus leben. Dieser

Umstand hat den Blick der Öffentlichkeit auf die Verdienste der mutigen Frauen und Männer bis heute getrübt. Dabei wollten die Widerständler eines nicht: Sie wollten Deutschland *nicht* schaden.

Trotzdem hemmte dieser Vorwurf auch sie selbst, konnten sie nicht wie der Widerstand im Ausland gegen einen äußeren Feind kämpfen mit dem Ziel der Befreiung von den Besatzern. Sie mussten gegen ihre Landsleute kämpfen mit dem Ziel der Kapitulation des eigenen Landes. Viele von ihnen ahnten wie der ›Verschwörer‹ Adam von Trott: »Wenn der Koloss Hitler zusammenbricht, reißt er uns alle mit in die Tiefe.«

Als Sophie Scholl von Robert Mohr nach ihrem Motiv zum Widerstand befragt wurde, sagte sie, besonders die Opfer in Stalingrad hätten sie und ihren Bruder dazu bewogen, etwas gegen dieses, ihrer Ansicht nach, sinnlose Blutvergießen zu unternehmen. Kein Verrat am deutschen Volk war hier am Werk. Friedrich Olbricht, General der Infanterie, Mitglied des *20. Juli*, hat sich ein Jahr später ganz ähnlich geäußert. Nach dem Scheitern des Attentats auf Hitler bekannte er noch am selben Abend, er sei von der »unendlichen Sorge um unser Vaterland« getrieben worden und würde nun dafür sterben.

Der breiten Öffentlichkeit wurden die Widerstandskämpfer jedoch als Verräter, als Kriminelle, als Gesindel dargestellt, um einerseits die an ihnen grausam vollstreckten Todesurteile zu rechtfertigen und andererseits sie von der Gesellschaft abzuspalten. Der Abscheu vor den zum Teil öffentlich gemachten Prozessen und Berichten über die Hinrichtungen führte bei der Bevölkerung nicht nur zu einer Abscheu vor den Tätern, sondern auch zu einer

Ablehnung der Opfer. Statt die mit Empathie zu bedenken, die einer verbrecherischen Justiz auf den Tod ausgeliefert waren, verdrängte man ihre Leistungen. Sogar nach dem Krieg wollte man nicht wahrhaben, dass diese Menschen, die den Widerstand gewagt hatten, entscheidend den Weg vorbereitet hatten, um den Überlebenden die Rückkehr in eine humane Welt zu ermöglichen.

Auch das Ausland ignorierte lange Zeit die Opposition, weil das Bild Deutschlands als Land der Täter ungebrochen bleiben sollte. Eine der Ausnahmen war Winston Churchill, der unmittelbar nach dem Krieg im britischen Unterhaus erklärte: »In Deutschland lebte eine Opposition, die zum Edelsten und Größten gehört, was in der politischen Geschichte der Völker je hervorgebracht wurde.« Diese Menschen, so betonte er, »kämpften ohne Hilfe von innen oder außen, einzig getrieben von der Unruhe ihres Gewissens.«

# ZEITTAFEL

9. Mai 1921: Sophie Scholl wird in Forchtenberg am Kocher in Württemberg geboren.

Vater: Robert Scholl (1891–1973), ist Bürgermeister in Ingersheim, dann Forchtenberg, ab 1932 Wirtschafts- und Steuerberater in Ulm.

Mutter: Magdalena, geborene Müller (1881–1958), ist als Diakonisse ausgebildet.

Geschwister: Inge (1917–1998), Hans (1918–1943), Elisabeth (1920–2020), Werner (1922–1944), Thilde (1925–1926)

1930: Umzug der Familie nach Ludwigsburg

1932: Übersiedlung nach Ulm

1934: Sophie Scholl tritt in den Bund Deutscher Mädel (BDM) ein, in dem sie bis zur Gruppenleiterin aufsteigt.

1937: Im September lernen sich Sophie Scholl und Fritz Hartnagel näher kennen.

1937: Im November Vernehmung durch die Gestapo wegen »bündischer Umtriebe« ihres Bruders Hans.

9. November 1938: Nach dem Pogrom gegen die jüdische Bevölkerung, der in Ulm ebenso wütet wie in anderen

deutschen Städten, drängt Robert Scholl seine jüdischen Klienten zur Auswanderung.

1940: Abitur und Beginn einer Ausbildung zur Kindergärtnerin am Fröbel Seminar

1941: Nach bestandener Abschlussprüfung am Fröbel Seminar schließt sich ein halbjähriger Arbeitsdienst in Krauchenwies bei Sigmaringen an.

Oktober 1941 bis März 1942: Kriegshilfsdienst in Blumberg bei Donaueschingen, wo Sophie Scholl Kinder in einem Heim betreut.

Mai 1942: Beginn des Biologie- und Philosophiestudiums an der Ludwig-Maximilians-Universität München, an der ihr Bruder Hans Medizin studiert. Durch ihn kommt sie in Kontakt mit anderen Studenten, die sie in ihrer Ablehnung gegen den Nationalsozialismus bestärken.

August/September 1942: In den Semesterferien Kriegshilfsdienst in einem Ulmer Rüstungsbetrieb

Anfang Januar 1943: Erstmals ist Sophie Scholl an der Herstellung eines Flugblatts der *Weißen Rose* beteiligt.

15. Februar 1943: Es gelingt die Fertigstellung und der Versand des sechsten Flugblatts mit dem Aufruf, das NS-Regime zu stürzen und ein »neues geistiges Europa« zu errichten.

18. Februar 1943: Die Geschwister Scholl verteilen etwa 1.500 Flugblätter in der Münchener Universität. Der Hausmeister Jakob Schmid, der sie dabei beobachtet, hält sie fest. Die Gestapo verhaftet die Geschwister und bringt sie ins Wittelsbacher Palais, in das Gefängnis der Gestapo-Leitstelle München.

19. Februar: Christoph Probst wird in Innsbruck verhaftet.

22. Februar 1943: Prozess vor dem Volksgerichtshof unter dem Vorsitz des aus Berlin angereisten Roland Freisler. Hans und Sophie Scholl werden gemeinsam mit Christoph Probst zum Tod verurteilt und noch am selben Tag im Strafgefängnis München-Stadelheim hingerichtet.

24. Februar 1943: Beisetzung unter Aufsicht der Gestapo auf dem Perlacher Friedhof.

1980: Die Stadt München, der *Landesverband Bayern e.V.* und der *Börsenverein des Deutschen Buchhandels* initiieren zur Erinnerung an den Widerstand der *Weißen Rose* den ›Geschwister-Scholl Preis‹, der jährlich verliehen wird.

2003: Eine Büste von Sophie Scholl wird in der Ruhmeshalle der Walhalla bei Regensburg aufgestellt.

# LITERATUR

Angeführt wird Sekundärliteratur, aus der zitiert wurde oder auf deren Darstellung sich dieses Buch stützt. Es gibt keine Vollständigkeit der Angaben, mit Rücksicht auf den ansonsten zu großen Umfang. Werke, Briefe und Tagebücher sind in den verwendeten Ausgaben angegeben.

Beuys, Barbara: *Sophie Scholl. Biografie.* München, Carl Hanser Verlag, 2010.

Chaussy, Ulrich und Ueberschär, Gerd: *Es lebe die Freiheit. Die Geschichte der Weißen Rose und ihrer Mitglieder in Dokumenten und Berichten.* Frankfurt am Main, S. Fischer Verlag, 2013.

Ellermeier, Barbara: *Sophie Scholl. Lesen ist Freiheit.* München, bene! Verlag, 2018.

Fest, Joachim: *Staatsstreich. Der lange Weg zum 20. Juli.* Berlin, Siedler Verlag, 1994.

Haffner, Sebastian: *Anmerkungen zu Hitler.* München, Kindler Verlag, 1978.

Hamm-Brücher, Hildegard: *»Zerreißt den Mantel der Gleichgültigkeit«. Die »Weiße Rose« und unsere Zeit.* Berlin, Aufbau Verlag, 1997.

Hartnagel, Thomas (Hrsg.): *Sophie Scholl, Fritz Hartnagel: Damit wir uns nicht verlieren. Briefwechsel 1937–1943.* Frankfurt am Main, S. Fischer Verlag, 2005.

Hikel, Christine: *Sophies Schwester. Inge Scholl und die Weiße Rose.* München, Oldenbourg Wissenschaftsverlag, 2013.

Huch, Ricarda: *In einem Gedenkbuch zu sammeln …: Bilder deutscher Widerstandskämpfer.* Leipzig, Universitätsverlag, 1997.

Jens, Inge: *Briefe und Aufzeichnungen von Hans und Sophie Scholl.* Frankfurt am Main, S. Fischer Verlag, 1988.

Kant, Immanuel: Werke in sechs Bänden. Band 4, S. 573. Wiesbaden, Insel Verlag 1956.

Körner, Cornelia: *Das Rollenbild der Frau und Mutter in der fotografischen Darstellung in der NS-Zeit im Rahmen österreichischer Bildquellen – Ein fragmentarischer Einstieg.* Diplomarbeit Universität Wien, 2008.

Leisner, Barbara: *»Ich würde es genauso wieder machen«. Sophie Scholl.* München, Ullstein, Heyne, List, 2003.

Lill, Rudolf (Hrsg.): *Hochverrat? Neue Forschungen zur »Weißen Rose«.* Konstanz, Universitätsverlag, 1999.

Mann, Golo: *Deutsche Geschichte 1919–1945.* Frankfurt am Main, S. Fischer Verlag, 1958.

Schirrmacher, Thomas: *Zur religiösen Sprache Adolf Hitlers.* In: Internationales Institut für Religionsfreiheit. Bulletin, 2. Jahrgang, Nr. 10, März 2013, darin: Wolgang Dierker.

Scholl, Inge: *Die weiße Rose.* Erweiterte Neuausgabe, Frankfurt am Main, S. Fischer Verlag, 1993.

Steffahn, Harald: *Die weiße Rose.* Reinbek bei Hamburg, Rowohlt Taschenbuch Verlag, 1992.

Vinke, Hermann: *Das kurze Leben der Sophie Scholl.* Ravensburg, Ravensburger Buchverlag, Otto Maier, 1987.

Ders.: *»Hoffentlich schreibst Du recht bald.« Sophie Scholl und Fritz Hartnagel, eine Freundschaft 1937–1943.* Ravensburg, Ravensburger Buchverlag, Otto Maier, 2006.

Zoske, Robert M.: *Flamme sein! Hans Scholl und die Weiße Rose – Eine Biografie.* München, C. H. Beck, 2018.

Sybil Gräfin Schönfeldt
**Sonderappell**

Roman, 288 Seiten
Schutzumschlag
ISBN 978-3-86915-209-7

Die 17-jährige Charlotte steht kurz vor dem Abitur, als sie
Ende 1944 zum Reichsarbeitsdienst (RAD) nach Ober-
schlesien eingezogen wird. Schulung, Appelle, militärische Disziplin, Kameradschaft, Treue und Gehorsam
sind dem Mädchen aus einer Offiziersfamilie vertraut.
Doch während Charlotte Stuben schrubbt, Ställe ausmis-
tet und Panzersperren baut, kommen ihr erste Zweifel am
nationalsozialistischen System. Zur Gewissheit werden
sie durch ihre Freundschaft mit Ruth, der Tochter eines
Widerstandskämpfers. Eines Tages ist Ruth verschwun-
den – und die Russen stehen vor Stettin.

– www.ebersbach-simon.de –

Simone Frieling

**Rebellinnen
Hannah Arendt,
Rosa Luxemburg und
Simone Weil**

*blue notes 76,* 144 Seiten
Abb., Halbleinen
Fadenheftung
ISBN 978-3-86915-170-0

Hannah Arendt, Rosa Luxemburg und Simone Weil – drei Kämpferinnen für die Freiheit, die bis heute nichts von ihrer Faszination verloren haben, vorgestellt in Einzelporträts von Simone Frieling. Alle drei waren sensibel, selbstbewusst und begabt, stammten aus assimilierten jüdischen Familien und wuchsen mehrsprachig auf. Modern und aufgeklärt stellten sie sich den sozialen, politischen, philosophischen und religiösen Fragen ihrer Zeit und handelten kompromisslos nach ihrer Überzeugung.

– www.ebersbach-simon.de –

Simone Frieling
**Ich schreibe, also bin ich**

*blue notes 83,* 144 Seiten
Abb., Halbleinen
Fadenheftung
ISBN 978-3-86915-185-4

Anhand von Romanen, Briefen, Tagebüchern und Gedichten großer Schriftstellerinnen von Hannah Arendt bis Virginia Woolf zeigt Simone Frieling in ihren Porträts das Spannungsfeld, in dem sich weibliche Kreativität stets bewegt: Ob am Küchentisch wie Sylvia Plath, in der Zelle wie Rosa Luxemburg oder auf dem zugigen Dachboden wie Marina Zwetajewa – überall hier haben Frauen geschrieben und überall hier ist Weltliteratur entstanden, gegen alle Widrigkeiten der Welt.

– www.ebersbach-simon.de –

Simone Frieling
**Dichterpaare**
**Lass uns Worte finden ...**

*blue notes 88,* 144 Seiten
Abb., Halbleinen
Fadenheftung
ISBN 978-3-86915-215-8

Milena Jesenská, Olga Iwinskaja und Ingeborg Bachmann hatten sich nicht nur der Liebe zum Wort verschrieben, sondern setzten sich auch mit ihrer ganzen Existenz für die Literatur ihrer Gefährten Franz Kafka, Boris Pasternak und Paul Celan ein. In intensiven wechselseitigen Liebes- und Arbeitsbeziehungen fanden die drei Dichterpaare Worte für einander und über einander, aus Liebe zum Wort, in dem auch ihre Liebe Ausdruck fand – in Briefen, Tagebüchern, Romanen und Gedichten, die heute zur Weltliteratur gehören.

– www.ebersbach-simon.de –

1. Auflage 2021
© ebersbach & simon, Berlin
Alle Rechte vorbehalten

MIX
Papier aus verantwor-
tungsvollen Quellen
FSC® C014496

Umschlaggestaltung: Lisa Neuhalfen, moretypes, Berlin
Covermotiv © ullstein bild – Photo 12
Satz: Birgit Cirksena · Satzfein, Berlin
Grafiken: Simone Frieling, Mainz
Druck und Bindung: GGP Media GmbH, Pößneck
Printed in Germany
ISBN 978-3-86915-227-1

www.ebersbach-simon.de